慈禧疑案正解

李　寅　王道成◎著

中国工人出版社

◎ 序
PREFACE

慈禧这个历史人物，大家太熟悉了。关于她的生平，正史有载，此不赘言。可是，坊间却流传逸闻种种，多为演绎，真实的成分到底有多少呢？

比如慈禧的感情生活。有说她很糜烂，宠过的不仅有戏子，有厨师，有宠臣，还有外国人。说者都各有证据，言之凿凿。人们在半信半疑中，体现出来的是两个方面：一半是好奇，纷纷追问其间的细节、资料是怎么记载的；一半是兴趣，感叹身为太后之尊，怎么也干这种下贱事！其实，细想起来就很多余了，我们说慈禧首先是一个人，是人就一定会有七情六欲，再加上权力的作用，要实现自己的欲望，岂不是易如反掌之事。

比如饮食。有一句话说，"慈禧一餐之费，百姓万家之炊"，人们既信又不信。大多数人不会相信有这么大的差距，但又坚信慈禧在饮食方面一定非同寻常。其实，这种感觉是对的。慈禧享太后之尊，按照宫中的规矩，皇太后的份例就靡费得惊人，如每天用掉猪一只、羊一只、小牲口两只，就大大超出人们的想象。何况慈禧又不是普通的太后，她是权柄在握的独裁者呢。

比如享受。我们读到《宫女谈往录》中的细节时，看到慈禧真是奢华到了极点。如使用的官房，也就是移动厕所，在用料和工艺上就让人瞠目结舌了。她的官房使用了高贵的紫檀木，再配上昂贵的宝石，又加上造办处精致的做工，无论如何都可以说是一件工艺品了。所以，慈禧在西逃的路上，就遭遇了尴尬。她自己都不敢相信，在民间，老百姓的厕所是那样简陋。最终，慈禧采取了以人墙隔绝外界的做法，草草了事，当年的排场已经不再。

比如养生。慈禧爱美，好养生，这一点儿恐怕在正史中殊少涉及。人们更多地坚信，慈禧使用非常高级的化妆品和养生品。就化妆品而言，谁会知道慈禧是一个很有生活情调的人呢？她居然使用了最常见的玫瑰花，而且自己选择玫瑰花瓣，炮炼胭脂；又有谁会知道，慈禧美容的化妆品配料中居然有鹰粪呢？当然，档案中并不这么叫，而是美其名曰“鹰条白”。

比如慈禧的陵寝。在这里，人们习惯用“三绝”来概括。木料是黄花梨木，弥足珍贵；装饰用黄金，奢华无比；雕刻用“凤压龙”的图案，胆大妄为。也就是说，慈禧精心而又放肆地设计了自己的“万年吉地”。超越、奢华、叛逆，使得慈禧陵备受世人瞩目。也正因为如此，在慈禧入葬仅仅 20 年后，慈禧陵便惨遭不测，被军阀抛棺扬尸，这恐怕是慈禧万万没有想到的事情。

比如陪葬珍宝。这是人们最关心的，也是慈禧死后最引人注目的地方了。都说慈禧贪婪，生前巧取豪夺。可是，谁也不会想到，她死后居然随葬了那么多稀世之珍：翡翠白菜、碧玺莲花、夜明珠等，到底有多少宝贝，我们还是引用一段赵汝珍《古玩指南》中的一段话：“慈禧葬物若均追回以之还外债，尚可余若千万，足可富国也。”赵汝珍的话是不是带有夸张的成分，我们姑且不论，单就慈禧个别陪葬品的价格就已经让人瞠目了。不过，让人感慨的是，正是由于这些珍宝的存在，才使得盗陵兵匪肆无忌惮地劈棺扬尸，才使得慈禧的脸部惨被刺刀划破，这恐怕更是大名鼎鼎的老佛爷没有预料的事情。

关于慈禧，还有太多让人玩味的事，尤其是她权力背后的故事。《慈禧疑案正解》这本书，正是把这位晚清的最高统治者放在了一个特殊的视角之下，来还原她传奇而又梦幻般的人生世界，来解读她细腻入微而又撩人心扉的宫闱秘事，给人以知识，以娱乐，以及回味无穷的想象空间。

李寅

2015年6月

目录

目录

第一章
权倾天下

慈禧的身世到底有什么玄机？

慈禧如何从众多后宫佳丽中脱颖而出，成为后宫中仅次于慈安皇后的第二号人物？

咸丰皇帝去世之后，27岁的慈禧如何一朝之间废黜八大辅政大臣，掌握朝政大权，进而权倾天下？

》》》

♦ 定东陵

◎ 慈禧身世之谜

一直以来，学界媒体对慈禧的身世十分关注，都想知道她到底是何背景，出生在什么地方。直到今天，民间对慈禧身世的猜测依旧流传着太多的版本。那么，到底哪种说法更可信？慈禧在后宫如云的美眷中能够脱颖而出，并且最终鹤立鸡群，是否跟从小受到的熏陶有关联？幼小的慈禧到底是个什么样子？身份晋升之后，她怎样处理手足亲情？慈禧很少提及自己的母亲，是母女不和，还是另有隐情？让我们正本清源，依据史实，讲述慈禧身世的幕后故事。

出生之地

关于慈禧的出生地有这样几种说法。

第一种说法是慈禧生于山西长治。依据是慈禧的父亲惠征曾在归绥道做过官员，慈禧便是出生于其父在归绥任职期间，于是便说慈禧出生在山西长治。

第二种说法是慈禧于道光十五年（1835）出生于北京，其父亲是一位四品道员，家里是满洲镶蓝旗，只是旗份并不是很高。这种说法的根据是慈禧的皮肤及样貌特征是典型北方女子的形态。

第三种说法来源于《人民日报》在1993年8月登出的一条消息，说慈禧太后出生在浙江乍浦。

在这三种说法之外，还有一个传说。说慈禧本姓王，并不是叶赫那拉氏的女子。王家因家中贫困，便把她过继给了一个家境较为殷实的宋姓人家，宋家给她改名叫宋龄娥。后来宋家家道中落，无法继续抚养她，便把她卖给了惠征家做丫鬟，专门伺候惠征夫人。一天，她给惠征夫人洗脚时，惠征夫人说："我的脚心里面有个瘊子，世人常说脚心瘊住高楼，我是有福之人啊。"这时宋龄娥笑道："老夫人您有一个瘊子，我两个脚心都有瘊子呢。"老夫人不信，查看之下发现果然如她所说，便认为这丫头将来会有大出息，前途不可限量，于是便将她收为养女。在朝廷大选秀女时，惠征夫人不舍得自己的亲生女儿，便让宋龄娥以叶赫那拉氏的身份替代女儿参加选秀。

也有人说，慈禧出生在呼和浩特，因为那里有一条落凤街。据说惠征由安徽的候补道台升任归绥兵备道台时便带着15岁的女儿及全家来到绥远城。

由于清宫档案、国朝宫史等资料对于慈禧的童年生活都少有记载，才引发了关于慈禧出身和出生地的一番争论，直到今天史学界对慈禧身世依

知识链接

浙江乍浦当地曾经有这样的传说，慈禧的父亲惠征在这个地方做过骁骑校，慈禧就是出生在这里。后人还传说，慈禧之所以喜欢唱南方小曲儿，就是从小生活在南方的缘故。因为这一说法与清朝档案对惠征的记载不能吻合，所以慈禧出生在浙江的说法，显然不可信。

◆慈禧太后朝服像

然存在分歧，没有定论。

文化修养

根据历史记载，慈禧文化程度很高。在官僚家庭生长的人与在贫民家庭生长的人相比，其气质、欲望都是不一样的。史料记载，慈禧曾在承德避暑山庄中同咸丰皇帝一起看奏折。这绝非偶然，慈禧太后在入宫之前定然受过一定教育，本身有一定的文化知识、政治见识，故而慈禧生长于四品官员家庭比较可信。四品官员之家已经是一个比较富裕的家庭，其父在官场上的一

知识链接

关于慈禧的娘家在北京的说法，在曾任两代帝师的军机大臣翁同龢的日记中也可以找到佐证。

据翁同龢的日记记载，同治九年（1870）八月十七日，慈禧的母亲去世在京城发丧，其日记中这样写道："涂车刍灵之盛，盖自来所未有，倾城出观，几若狂矣！沿途祭棚络绎，每座千金，廷臣往吊者皆有籍，李侍郎未往，颇忤意旨。"由此可见，慈禧的母亲死在北京，而且是在她掌握大权之后，这就排除了慈禧自幼丧母、生于贫苦人家的说法。而且从惠征的履历表可以看出，慈禧出生之时，他还在京城任职，所以，慈禧出生在北京西四牌楼劈柴胡同的说法比较贴切。

◆ 宫中御用围棋

◆ 宫中黑漆描金云龙套装墨盒

些活动及祖辈的一些影响，容易对慈禧儿时的心灵产生一定的影响。且作为官僚家的小姐，家中很是注重其琴棋书画方面的培养，所以说在慈禧入宫之后，纵然在琴棋书画这些方面不出类拔萃，也有一定的基础。

清朝有个传统，皇帝在春节和重大节庆时，要书写大字、对联，并将这些字赐给官员，官员以得到皇上的宝墨为荣。而且练习文墨书写，能够使皇帝得以修身养性，沉下心来静心思考。所以清朝的皇帝都要练习写字，尤其在元旦、春节时，向臣下赏赐墨宝，已成为一个传统。

而慈禧俨然已把自己也看成一代帝王，她在政务闲暇时也会练习写字，并把自己写的一些福、禄、寿等大字赐给臣下。现今有慈禧的一些墨宝流传下来，如一笔写下的很大尺幅的龙字、寿字等。慈禧写了很多字，虽然写得并不是尽善尽美，但慈禧写大字的功底还是有的。

慈禧还善于作画，画一些花鸟、丹凤朝阳、罗浮真影等，并加盖“慈禧皇太后御笔之宝”印章，这都有大量慈禧传世墨宝为证。

◆ 慈禧御笔《九秋图》

知识链接

慈禧不但喜好书法，对诗文也比较在行。传说清朝末年，慈禧太后请一位著名的书法家为她的扇子题诗。那位书法家写的是唐朝王之焕的诗《凉州词》：黄河远上白云间，一片孤城万仞山。羌笛何须怨杨柳，春风不度玉门关。由于书法家疏忽，忘了写“间”字，慈禧大怒要杀他，那位书法家急中生智，连忙解释道：“老佛爷息怒，这是用王之焕的诗意填的一首词。”于是当场断句，读给慈禧听：黄河远上，白云一片。孤城万仞山。羌笛何须怨？杨柳春风，不度玉门关。慈禧听了，转怒为喜，连声称妙。

自幼多智

关于慈禧幼年的事情，流传有这样一个传说。

慈禧的曾祖父曾任户部员外郎，在户部里面管理一些琐碎的事情，如写单据、管理库房等。户部是掌管朝廷钱银的地方，国家的大小事情只要用到钱银，皆从户部提取。

道光皇帝时期，一次清点户部的库房时，发现少了十几万两白银。道光皇帝勃然大怒，下令严加查办。若找不到责任人，就要惩处库房的管理者。若想免于罪责，便要把缺失银两如数补齐。

慈禧的曾祖父回家后满面愁苦。户部的员外郎只是一个不大的官儿，俸禄微薄，仅能养家糊口，根本无法拿出数万两白银抵罪，可若拿不出便会遭到皇帝责罚，轻则打板子，重则发配、杀头。

家人知情后一片忙乱，然而幼小的慈禧临危不乱，冷静分析。她对家人说：“莫要慌乱，没有银子可以去借。”于是家人便向亲戚、邻居借来了需要交纳的银子。此时慈禧又说道：“这些银子不能全都交出去，要留一部分打点关系。”而那时她的曾祖父已经因交纳不上银子，被关押了起来。经过家中的上下打点，她的曾祖父才给放了出来。由此可见，幼年的慈禧便懂得人际关系的重要，且遇事不慌乱，很有主见。

◆慈禧御笔『龙』字

知识链接

有史学家认为，慈禧能够在后宫力压群芳，最终执掌皇权，与她从小聪颖、镇定的禀性有着莫大的关系。但是，由于记载的缺失，史学界尚难还原一个真实的慈禧，史料上仅有的只言片语不可能彻底拂去遮盖在真相上面的层层迷雾。

姊妹不和

说到慈禧的身世，当然离不开她的家人，这里不得不提的便是她的胞妹——醇亲王福晋叶赫那拉·婉贞。

叶赫那拉·婉贞是在慈禧入宫之后的咸丰五年（1855），作为备选秀女进入宫廷里面的。经过选秀之后，便被咸丰皇帝指婚给自己的弟弟，做了醇亲王奕譞的福晋。她便是后来光绪皇帝的亲生母亲。

叶赫那拉·婉贞在醇亲王府里面享有很高的地位，能够参与议事。这位福晋在王府中说一不二，而且脾气很大，经常责打下人。尤其在儿子入宫之后，她思子心切，却又无法时常进入宫廷探望，情志抑郁得不到纾解，便将怒火转嫁到下人身上。在王府里面，婉贞的霸道和厉害是出了名

♦ 奕譞（右）与叶赫那拉氏·婉贞（左）

的，上下都敬畏她。

婉贞与慈禧两人之间的主要矛盾，来源于婉贞认为慈禧对她的儿子过于严厉，但碍于身份和政治原因，她又不能多说。就算是在王府之中，说话也要相当谨慎，尤其是涉及当今太后和皇上的话，更是要紧闭嘴巴。尽管如此，他们还是遭到了慈禧的种种试探。有一次，慈禧赏给他们两顶黄色的轿子，黄色历来是皇家专用，其他人使用将被视为谋逆。醇亲王夫妇自然知道，无论如何都不肯坐。

如此看来，婉贞也是相当有心计的，不因为自己是慈禧的胞妹而放松警惕，且她十分畏惧慈禧，处处抱着十二分的谨慎小心。

善待胞弟

慈禧除了有个胞妹之外还有两个弟弟，其中最著名的弟弟名叫桂祥。这个弟弟在心智、天赋上都不如他姐姐，所以发展并不是很好。但是慈禧给予他很高的地位，加爵为三等承恩公，并把位于方家园的一处豪华府邸赐给他做桂公府。

桂祥生性随意，并没有他姐姐那样的威严，桂公府上上下下都不是很惧怕他。不得不提的是，桂祥的女儿便是后来的隆裕太后。

妹妹的儿子做了皇帝，弟弟的女儿做了皇后，一家位高权重，这皆得益于慈禧的扶植，她俨然成了娘家的顶梁柱。

知识链接

慈禧的曾外孙叶赫那拉·根正写过一本书叫《我所知道的慈禧太后》。书中有这样的描述：慈禧对待家族非常慎重，慈禧进宫以后，谁家有了困难，她都会给一些粮食和金钱，但不会给太多。她鼓励家人自食其力，如果有困难可以提供一些帮助，但不会照顾一辈子。当年，慈禧的大弟弟照祥就曾经牢骚满腹地向她要官做。慈禧说："授之以鱼，不如授之以渔。"希望他们不要依仗于她，整天不务正业、无所事事。所以慈禧的家人没有什么做大官的，只是得到了一些封号。

疏远父母

史料记载慈禧是个大孝女，可是她却很少提及自己的母亲，这个谜团又该怎样来解开呢？这应该跟她父亲当年的处境有关系。

慈禧的父亲惠征，是一个四品的道台。当时的四品官职就相当于现在的地委书记。咸丰二年（1852），太平天国进攻安徽，惠征居然弃城而逃。这件事情发生之后，咸丰皇帝大为震怒。那个时期官僚遇到起义军围攻城池，如果不能抵抗，那就合家自杀——就这两条出路，总之，坚决不能被太平军擒获而做俘虏，而惠征居然携带家眷逃到了江苏镇江。

咸丰皇帝一纸令下，将惠征撤职查办，致使他在镇江抑郁而亡。纵然当时慈禧在宫中颇为受宠，也无能为力。父亲的作为使自己丢了脸面，所以慈禧便不太提及她的父亲。

而慈禧的母亲，只是封建社会中极为平庸的一名家庭妇女。不知是否因为其母亲在文化等方面上没有给予她过多的影响，所以史料档案中并没

♦ 英国画家仿绘太平天国事件中清军战报的《剿灭粤匪图》，1860年，铜版画，第二次鸦片战争时期英国 *The Illustrated London News* 画报刊载。

有什么详细的记载。但实际上，慈禧也是为她的母亲做过一些事情的，比如逢年过节时，会命宫女将宫内的一些吃食给她母亲送去。母亲去世时，慈禧还按照承恩公夫人的品级，为她举办了一场隆重的葬礼，并且亲临桂公府为母亲治丧。当然，虽然是亲临，却并没有表现得很伤心，话语中依旧维持着她皇太后的尊严。

♦太平天国政权发行的钱币

知识链接

叶赫那拉·惠征（1805—1853），满洲镶黄旗（原是镶蓝旗，后被慈禧升至上三旗）人。出身监生，慈禧太后之父。曾长期担任笔贴式之职，后历任文选司主事、验封司员外郎、保源局监督、山西归绥道、安徽宁池广太道等职。咸丰三年（1853）被革职后不久病死于江苏镇江府。同治元年（1862）被追封为三等承恩公，谥“端恪”。

◎ 慈禧封号之谜

说到慈禧，不可不提一个重要人物，那就是她的丈夫咸丰皇帝。对于后世来说咸丰虽然贵为一国之君，但是他妻子慈禧的知名度却比他高过数倍。咸丰在位仅 11 年，而慈禧则以垂帘听政、训政的名义统治中国 47 年，那么，在众多的后宫佳丽当中慈禧是如何引起咸丰关注的？她又如何平步青云，成为位份仅次于慈安皇后的第二号人物？

位封贵人

有这样一段故事，当年努尔哈赤在统一女真各部时，叶赫那拉氏的部落得到了蒙古的支持，与努尔哈赤交战，战况非常激烈。然而，叶赫那拉氏最终还是惨败，当时叶赫那拉氏有一位骁勇善战的将军，在战败后挥刀自刎时下了一个恶毒的诅咒。他指着当时爱新觉罗氏的将领说道：“我们叶赫那拉氏即使剩下最后一个女人，也一定会夺取你们爱新觉罗氏的江山。”所以清朝从皇太极开始就一直不曾立叶赫那拉氏的女子为

知识链接

咸丰帝是一个不争气的风流皇帝。他恋女色、吃春药、饮鹿血、嗜烈酒、爱看戏、吸鸦片，整天过着醉生梦死的生活。咸丰还是皇子时，去南苑围猎从马上摔了下来，摔伤一直没有痊愈，落得终身行动不便，走路一瘸一拐。当时民间就有“跛龙病风掌朝堂”的说法，病风是指当时的皇后经常生病。

◆ 清代选秀女排单

♦ 清文宗咸丰帝像

皇后，也不曾重宠她们。

关于那场部落战争是有史书记载的，战争确实发生过。但是，皇家不立叶赫那拉氏女子为后，这是没有事实依据的。自清朝建立至道光时期，叶赫那拉部便有十多位被封为妃，更有被封为后的叶赫那拉氏女子。

咸丰皇帝继位之后便开始大选秀女，慈禧太后那时作为秀女应召参加大选。一朝选中，被封为兰贵人。

清宫中妃嫔共有8个等级：皇后、皇贵妃、贵妃、妃、嫔、贵人、常在、答应。贵人的位份实际上偏于低下，只能住在配殿。这样低下的身份无法直接与皇帝亲近，只能等皇上主动召见——然而这种机会很少。所以慈禧在刚入宫时，是无法接触到咸丰皇帝的。

善得圣心

尽管咸丰腿脚活动不便，但这丝毫不影响他的好色之心，据说他对美色的要求标准很高。但从慈禧存世的照片上可以看到，她生得并不十分漂亮，且脸盘很长，虽然容貌不算天生丽质，但身段修长。那么她是如何让咸丰皇帝注意到她，并进一步受到皇帝宠幸的呢？

> **知识链接**
>
> 慈禧略施小计就能拿下咸丰，这无疑是迎合了咸丰的嗜好。传说咸丰帝常近女色，毫无节制，身体越来越差，便问御医怎样才能使身体强壮起来，御医建议他喝鹿血补阳。咸丰帝当即下令养鹿100多只，每天都喝鹿血。北逃热河时，他还想带着这些鹿走，只是由于兵荒马乱，未能如愿。

圆明园内人少规矩小，咸丰皇帝无事时便喜欢在圆明园内逛一逛，这就给了慈禧很好的机会。上苍虽然没有给她姣好的面容，却给了她美妙的嗓音。于是在圆明园中，树荫深处，慈禧用她时而婉转时而清丽的歌声轻易地便将皇上吸引住了。

慈禧如愿被咸丰皇帝召见，并按照皇帝的吩咐又为他唱了一曲南方小调。江南小调声音悠扬绵软，一下子就软进了咸丰皇帝的心中。

身怀有孕

那么慈禧又是如何抓住咸丰皇帝的心，坐稳自己的位置的呢？“天地一家春”便是慈禧命运转变的一个地方。

咸丰皇帝风流成性，不仅宠爱宫内的女子，还极为宠爱大臣进献的宫外的寡妇，更是将其中四位最漂亮的冠以“四春”的名号，加上在圆明园“天地一家春”内宠幸的慈禧，被后人合称为“五春”。

宫内女子稳保地位的不二法门，便是孕有子嗣。于是，慈禧就在“天地一家春”里面和“四春”斗法争宠，目的是把咸丰皇帝的心牢牢地拴住。终于，在咸丰皇帝频频宠幸之后，慈禧怀孕了，并且借此位份由兰贵人升为懿嫔。

宫中女子怀孕一向受到皇上的重视，在慈禧之前只有丽妃为皇上生育了一位公主，可想而知，咸丰皇帝对慈禧这一胎抱有很大期望，声称若她能生下皇子，便会重重地赏她。咸丰皇帝还打破宫内嫔妃位份的份例，给予她超过嫔位的赏赐及吃食，让她安心养胎，并且给她派了数位宫内资历

♦ 慈禧册文：懿妃册

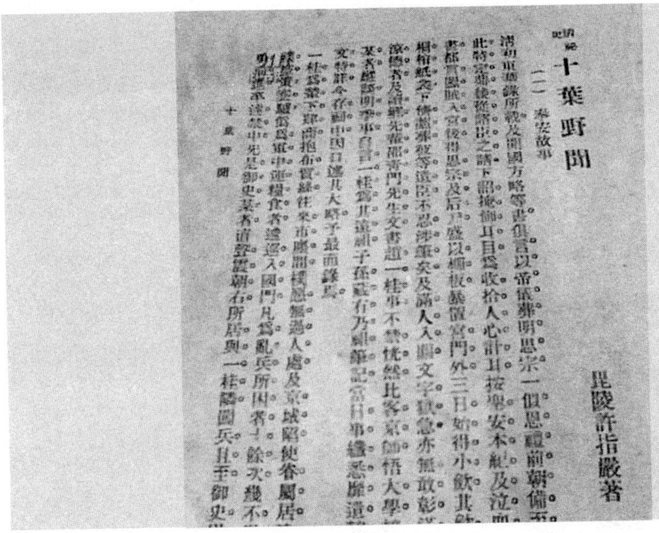

◆《十叶野闻》

深厚的老嬷嬷和宫外生育过的妇人服侍她。慈禧的生母，由于女儿怀孕，得到咸丰重视，被破格召入宫中侍奉慈禧。

知识链接

> 慈禧积极怀孕待产，不难看出她时刻都想母以子贵，梦想着通过儿子迅速提升自己的身价。慈禧不但自信还非常自恋。她曾经得意地对别人说，入宫后，宫里的人都以她为美，甚至美到遭人嫉恨。《十叶野闻》一书记载了咸丰帝迷恋那拉氏的情景：“当咸丰帝初幸慈禧之日，颇有惑溺之象，《长恨歌》中所谓‘春宵苦短日高起，从此君王不早朝’者，仿佛似之。”大有唐明皇爱慕杨贵妃的浪漫与痴迷。

诞下皇子

皇帝的后妃有孕，在宫内是大事，皇宫上下皆忙忙碌碌地准备，竟于表象形成了一种喜庆的气氛。和皇帝希望能诞下皇子的忐忑不同，后妃们关注的是若懿嫔诞下皇子她们日后的处境问题，于是也纷纷送上玉如意、红包等，以示祝贺。

◆ 咸丰便装行乐图

宫内也提前做着后妃生产和迎接小皇子降生的准备，比如易产石、大油布、接生工具、婴儿摇车、皇子的小龙袍等，还要提前安排好稳妥的接生婆。

此时，慈禧的心中应该也是极为忐忑的，她的忐忑与咸丰皇帝的忐忑不同，也与其他人不同，她一生的成败得失全都指望在这一胎上了。直到小皇子呱呱坠地，她才算心石落地。

咸丰皇帝喜得皇子之后，极为喜悦，连呼：天大的喜讯呀！我大清爱新觉罗家族有后了。咸丰皇帝在喜悦之下，于慈禧生产之后三天就将她的位份由懿嫔升为懿妃。宫中女子升到妃这个位子才算是正当的主子，才可以居住在一宫的正殿，名正言顺地享受奴才的伺候。而此时，慈禧一想到日后自己的儿子可能是皇帝，她的野心便开始膨胀。

抓周之礼

皇子刚刚降生，别的后妃也有可能再生养，谁也不能保证慈禧的孩子就一定是皇太子，那慈禧为什么能够得到咸丰皇帝这么大的信任和如此深的宠爱呢？

♦ 宫中文房四宝

♦ 皇宫台式算盘

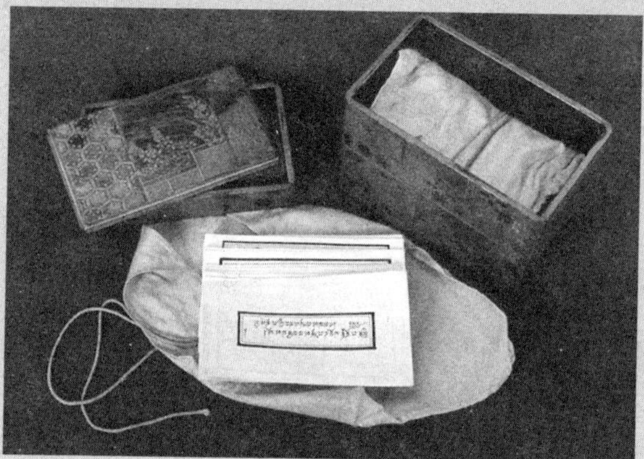

♦ 皇宫书盒、包袱

古来有个传统，在孩子一岁时要进行“抓周礼”。就是在一个盘子中放上文房四宝、小弓箭、小算盘等小物件，让小孩子去抓，以孩子抓到的东西来判断他将来的志向，所以“抓周”在古代被视为很重要的仪式。

在慈禧诞下的小皇子“抓周礼”上，老嬷嬷抱着小皇子“抓周”，咸丰皇帝和当时还是懿妃的慈禧在旁观看。

可想而知，以“抓周礼”定孩子将来的志向，等于说是判定了孩子的一生，慈禧一定非常紧张。而小皇子也特别争气，一把将玉玺抱在了手中，而后又将一支毛笔抓了起来，慈禧纵然心中喜悦，面上也不敢过多地表露出来。而此时，小皇子在抓完毛笔之后又将小弓箭抓了起来。咸丰皇帝大悦，认为这是文武双全的象征，于是说小皇子将来一定是个好皇帝，一定能够振兴大清江山。

在慈禧诞下皇子以后，也有其他的妃嫔为咸丰皇帝诞下过皇子，只是一个都没有健康成活。

位居贵妃

能弹会唱的慈禧自然让咸丰觉得情投意合，为皇家生了“龙种”的慈禧又将得到怎样的封赏呢?

自慈禧进宫到诞下皇子，她从兰贵人，到懿嫔，再到懿妃，经历了三个封号。还有一个关键的册封便是在小皇子“抓周礼”之后，咸丰皇帝龙颜大悦之下晋升其为懿贵妃。在当时的宫中，除了慈安皇后，便数她的位份最高了。可以说在后宫之中，她拥有一人之下、万人之上的地位，位同“副皇后”。而后，在咸丰皇帝在世期间，慈禧的封号便再没发生过变化。

小心谨慎

慈禧一生都很注重美容养颜，对自己的皮肤尤为在意。但咸丰皇帝在世时对后妃要求非常严格，不允许穿衣太过奢侈。比如，清朝宫廷旗袍分

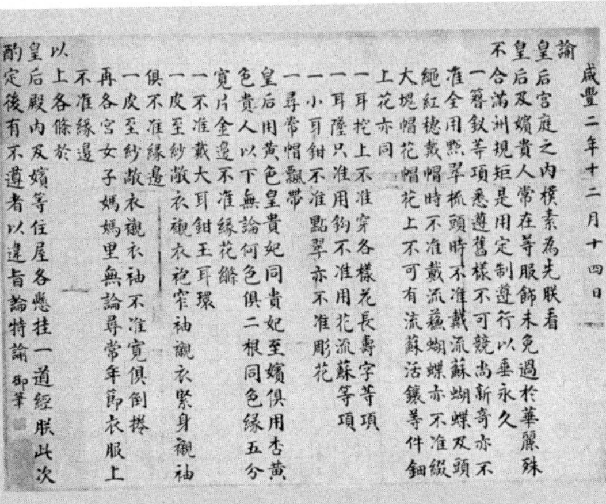
咸豐二年十二月十四日
諭
皇后宮庭之內樸素為先朕看
皇后及嬪貴人常在等服飾未免過於華麗殊
不合滿洲規矩是用定制遵行以垂永久
一簪釵等項悉遵舊樣不可競尚新奇亦不
准全用點翠抿頭時不准戴流蘇蝴蝶及頭
繩紅穗戴帽時不准戴流蘇蝴蝶亦不准綴
大堤帽花帽花上不可有流蘇活鑲等件鈿
上花亦同
一耳花上不准穿各樣花長壽字等項
一耳墜只准用鈎不准用花流蘇等項
一小耳鉗不准點翠亦不准彫花
一尋常帽飄帶
皇后用黃色皇貴妃同貴妃至嬪俱用杏黃
色貴人以下無論何色俱二根同色緣五分
寬片金邊不准緣花縧
一不准戴大耳鉗玉耳環
一皮至紗敞衣襯衣袍窄袖襯衣緊身襯袖
俱不准緣邊
一皮至紗敞衣襯衣袖不准寬俱倒摟
再各宮女子媽媽里無論尋常年節衣服上
不准緣邊
以上各條於
皇后殿內及嬪等住屋各懸挂一道經朕此次
酌定後有不遵者以違旨論特諭 御筆

♦ 咸丰二年御书《谕后妃》贴落

◆ 清同治珐琅瓜形胭脂盒

◆ 宫中绿缎绣花蝶氅衣

为五层穿着，称为“五缘”。咸丰皇帝下旨不许超过“三缘”，耳坠不许超过两寸长，花盆底儿的鞋跟不许超过3寸，等等，严禁流俗于市井穿汉人的服饰。所以咸丰皇帝在世时，慈禧并不敢十分张扬。她那时只是悄悄地涂抹一些脂粉，生怕一着不慎被咸丰皇帝重处。

知识链接

慈禧自恋，咸丰也不逊色，他说慈禧生的这个唯一的皇子随他，文武双全。对照咸丰颓废执政的表现，这似乎是一种极大的讽刺。传说咸丰帝很有艺术细胞，酷爱看戏，有时亲自当导演，甚至粉墨登场。无论在紫禁城、圆明园，还是在热河行宫，他都经常点戏看。他时常指导太监演戏，并学唱过《朱仙镇》《三岔口》等戏。

◎ 慈禧执政手段之谜（上）

慈禧存世的珍贵文物有很多，比如她不同时期使用的印章，这些印章似乎是她一步步走向权力巅峰的镜子，见证着慈禧入宫后每一个阶段的巨大变迁。那么，慈禧在掌权之前也很有地位吗？得势之后她凭借什么把正宫娘娘慈安玩弄于股掌之中？慈禧在命运转折的关键时刻靠的是恭亲王奕訢，可最初的叔嫂联手为什么演变成了后来的叔嫂争斗？慈安之死扑朔迷离，而慈安的死真的跟慈禧有瓜葛吗？在慈禧身上有着太多的谜团，还需我们静下心来将之一一解开。

在教科书上对于慈禧的评价向来是专横、奢靡、残暴、无能、昏聩，实际上，在历史的政治舞台上，慈禧的权术玩弄得是相当有一手。

受到刺激

慈禧地宫出土了慈禧的印章——它到了地宫里就不叫印章了，而是叫作“香宝”，除了“香宝”还有“香册”。香宝就是用檀香木做的印章，在上面雕刻着慈禧的22个字的谥号。那种一页一页的上面刻着文字的则是香

♦ 八国联军进犯北京

册，香册上面的文字就是对香宝上文字的注解。

慈禧由一个小小嫔妃一步一步晋升到贵妃，再到皇太后，在这个过程中都会留下很多印章。比如，她由嫔升妃时，会有金册金宝、玉册玉宝，当她由妃升为懿贵妃的时候，还会有同样的金册金宝、玉册玉宝。这些东西对她而言是至关重要的，是身份和地位的象征。即使在她死后，这些东西的威力仍然存在，后人看到它们就好比见到圣旨、见到皇太后本尊，是相当了不得的。

后世向来认为慈禧天生就有很强的权力欲望，有人说她当年在做懿贵妃的时候，就已经暴露了自己的政治野心，按捺不住想要展示自己的政治才华了。更有人称她在承德山庄服侍咸丰皇帝的时候，帮咸丰批阅奏折，很可能就是有意而为之，有很大的预谋之嫌。

其实站在女性的角度来看，女人都有一个共性，就是期望能够安稳度日，有什么事还有丈夫顶着。虽然后来慈禧丈夫不在了，儿子太小又依靠不了，但在此之前，如果没有一些现实带来的刺激，相信也不会让她产生抓住权力的念头。她作为一个女人应该也是受形势所迫，毕竟只有手握权力才有出头之日。

♦ 八国联军在乾清宫

♦ 法军在储秀宫

◆八国联军统帅瓦德西

时值咸丰十年（1860）八月初八，英法联军的大炮轰进京城，咸丰皇帝带头弃城逃走，还带领了一众宫娥后妃、王公大臣。逃跑是需要交通工具的，所以这批人有的骑马，有的坐轿子。

当时负责安排后妃交通工具的是肃顺，他给正宫娘娘慈安皇后安排了最好的轿子，而当时虽然慈禧已经做了懿贵妃，但还是比不上皇后，肃顺给她安排的轿子就不太好。所以一开始，慈禧就因为轿子质量太差，一路颠簸还十分硌屁股而气得不行，然后就去要求换轿子，没想到在肃顺那里碰了一鼻子灰，人家一句“换什么换”就给顶了回来，还冷嘲热讽说了些“又不是在宫里，哪有那么多条件，凑合坐吧”这样的话。慈禧被这么噎了一遭，老公虽然健在自己不算孤儿寡母，但是皇帝当时哪顾得上她呀！于是慈禧自己抱着孩子坐着不好的轿子，一路颠簸到了承德。路途十分遥远，一路上，她也着实受了不少苦。档案里面也有记载，当时肃顺给了慈禧不少气受，所以慈禧跟肃顺那时候就产生了矛盾。

到了承德之后，慈禧受到的待遇依然没有好转，给皇帝和皇后安排的自然都差不了，但身为一个贵妃的她就略显凄凉——给她准备的东西都不

♦ 承德避暑山庄

是十分好，无论是生活起居方面，还是饮食所用的餐具，都肯定跟皇后的比不了。然而慈禧这人攀比之心极其严重，跟人家比较之后，又惹了一肚子气。

当时慈禧的内心活动是十分复杂的：自己的儿子是未来的皇帝，自己是要当皇太后的，这肃顺也太不会看事儿了！这么办事实在让她接受不了。同时，还有一个人在她身边煽风点火、添油加醋，这个人就是太监安德海。这个人不停地鼓动唆使慈禧，使得慈禧对于权力的欲望急剧膨胀。再加上这一番遭遇，她深深地意识到了权力的重要性。

知识链接

处处刁难慈禧的肃顺是何许人也？咸丰十年（1860）英法联军进犯京师，肃顺随驾咸丰帝逃难承德，当时他的官职是御前大臣协办大学士、户部尚书。后来咸丰病重，肃顺被咸丰皇帝钦定为顾命八大臣之一。据说，肃顺早就看出慈禧野心勃勃，在咸丰帝临终前曾以汉朝钩弋夫人的古训来劝咸丰帝除掉慈禧而保留其子载淳，以防止她在后宫干政。咸丰帝认为当时的八大臣能够抑制住慈禧，再者清朝皇室家法森严，量慈禧也不敢违背，因此他没有采纳肃顺的意见。不过肃顺的所作所为慈禧全都看在眼里、记在心里，对他是怨恨已久，所以后来慈禧得势，一等到机会就立马将肃顺除之而后快。

◆ 清康熙《避暑山庄诗意图》

拉拢奕訢

对慈禧来讲最有意义的一个“香宝”，应该就是“同道堂”，那是咸丰皇帝临死前赐给同治皇帝的。咸丰皇帝去世后，小皇帝下旨，规定：要先在首章印上赏给慈安的御赏章，然后在尾部扣上这个同道堂印。实际上，同道堂印原本被咸丰皇帝当成一个闲章，很少使用。

但是这个同道堂印对慈禧却产生了重要的效应，尤其是在辛酉政变这段时间里面，慈禧靠它把握住了权力——这让她有了胆量也有了目标，也使她初步尝到了权力的甜头，所以这个同道堂印章非常有名气。

其实慈禧是没有资格使用这个同道堂印的，她这种行为说白了就是通过霸占小皇帝的印章，来行使不属于自己的权力。就算小皇帝是她儿子，这个东西也不能由她来用。按照规矩，就算是保管都轮不到她——皇帝身后是有一批太监总管的。慈禧这种行为完全是欺负皇帝小，然后借机上位。

话说咸丰帝死后朝廷分为三股势力：以醇亲王奕譞、恭亲王奕訢为首的皇亲贵胄势力，以慈禧、慈安两宫太后和同治小皇帝为首的帝后势力，还有就是以肃顺为首的赞襄政务八大臣势力。

那个时期的矛盾错综复杂，当时八大臣十分专横跋扈，根本没有把慈安、慈禧和同治这孤儿寡母放在眼里，这令慈禧意识到自己处境危险，不管是为了防止皇权落入他人之手，还是为了巩固自己的地位，她都不得不挺身而出。

于是慈禧先去拉拢慈安，以历代奸臣专权欺负孤儿寡母为引子，又举例曹操逼宫的故事，一来二去打动了慈安，两宫太后首先上了一条船。然后二人要做的工作就是一起去拉拢六王爷奕訢。

实际上，虽然八大臣的矛头是直指慈禧的，但奕訢与他们之间的矛盾也是相当深的。因为八大臣是咸丰皇帝这一脉的，一向排斥六王爷。奕訢因为与咸丰皇帝有过夺位之争，一直以来为了保命，都以一个闲散王爷的形象出现在世人面前，但其实他对咸丰皇帝早就心怀不满。因为无论文治武功，奕訢在道光皇帝的九个儿子当中都是最出色的。咸丰五年，奕訢被革去了军机大臣等要职，只给他留下了恭亲王这么一个虚位，一直被放在京师当留守大臣，和核心权力相距甚远，不能够参与核心机密，奕訢的心里十分不平衡。所以，慈禧给他提供了这个机会，他是一定要参与进去的。

知识链接

同道堂是位于圆明园九洲清晏殿西侧的三间套间，外檐挂道光皇帝御书“同道堂”匾。它本是咸丰当皇子时道光皇帝赐的书室匾额，咸丰当上皇帝后便将此匾悬挂于此，并经常在此居住。咸丰五年（1855）还在堂前添盖了一座戏台。但同道堂最出名的并不在此，而是在于咸丰皇帝临终前的一次赏赐。咸丰十年（1860）英法联军攻打北京，咸丰皇帝逃到承德避暑山庄，不久病死，在临终前传位给唯一的儿子载淳（同治皇帝）。

但当时同治皇帝只有 6 岁，咸丰皇帝就为他指定了肃顺、端华等八位辅政大臣。为了防止八大臣独揽朝政，他同时又交给慈安皇太后和载淳各一枚图章，作为下达圣谕的凭证。给载淳的那枚印章就刻着“同道堂”，因为当时载淳还小，所以“同道堂”印章就一直放在慈禧手上，这时的慈禧实际已掌握大权，也为日后发动政变、垂帘听政奠定了牢固的基础。

♦ 爱新觉罗·奕訢

于是奕訢及时掌握住了这样一个叩谒梓宫的机会，先去叩谒哥哥的棺材，然后再去拜见两位皇嫂，实则三人是在承德密谋发动一场政变，主要目的就是干掉八大臣，这场政变就是历史上的“辛酉政变”。

北京是奕訢的天下，承德是八大臣的天下，所以当时奕訢坚持要回到北京再发动政变，这样方能达到天时地利人和，方便自己施展拳脚。于是慈禧以皇帝太小经不起折腾为由，抄近道先回京城，而肃顺护卫咸丰灵柩走得很慢。因此，慈禧比肃顺早到京城两天。瞄准这个时机，回京后慈禧大吐苦水，当着大臣们的面哭诉肃顺，历数他如何欺负她和小皇帝。大臣们看出了慈禧的用意，纷纷把矛头指向了肃顺。随后两宫皇太后降了旨、盖了印，卸去了肃顺等八大臣的顶戴花翎。肃顺被立即斩首，端华和载恒在牢中自尽，其他人没再深究。

慈禧可谓成功地迈出了得权的第一步，这为她得势打下了坚实的基础，这一切明显多亏了奕訢，按理说慈禧应该感念在心，但是后来叔嫂之间又发生了很多变故。

罢免奕訢

在政变之后，皇权就回到了两宫皇太后和奕訢王爷的手里，虽然在他们执政之初，有一个刚刚合作的蜜月期，但是慈禧这个人最善于卸磨杀驴、过河拆桥，过了这个蜜月期，她就翻脸不认人了。

垂帘之初，奕訢作为议政王事实上是忠心耿耿、事无巨细地为慈禧太后安排着、布置着，把朝廷上下大事小情弄得井井有条，不过与此同时，权力也在逐步集中。这个

知识链接

传说恭亲王奕訢与慈禧经常争辩，有一次奕訢开始公开跟慈禧叫板，慈禧说你什么事儿都跟我对抗，你以为你是谁呀。奕訢回答臣是宣宗的第六个儿子，慈禧说我革了你的职，奕訢回答你革了臣的王爵，革不了臣的皇子身份，慈禧立刻无言以对，可见恭亲王奕訢并非等闲之辈。

时期主要权力都集中在议政王的手里，也还算和谐。但是慈禧的头脑十分冷静，她发现这个时候朝野内外似乎眼中只有一个议政王，只认这个恭亲王，都忽略了还有皇帝，一旦意识到这样一种局势，慈禧必然不会坐以待毙了，她开始警觉，准备找机会就要对付奕訢。

同治四年（1865），一个让慈禧找碴儿的机会来了。事情缘于慈禧非常讲究生活品质，爱奢侈铺张，喜欢金银器皿，既然已经位居皇太后，要使用好东西也无可厚非了，自然有资格摆谱。尤其是她身边还有个安德海时常鼓动唆使她，这个安德海老是跟慈禧念叨，说皇太后应该使最好的东西，咱们现在这个碗啊、盆啊什么的也该换换了。慈禧一听，是这么回事，就吩咐安德海去安排。

只是这个事却不是那么好办的，必须经过奕訢这一关，按理说这是慈禧宫里的私事，奕訢本不该管，但是事情关乎朝廷他都要管一管，鉴于当

◆ 晚年奕訢

时国库紧张，国家正处在一个困难时期，奕訢就没有同意这个事，让慈禧先凑合着用。

其实慈禧当时也是非常忙的，每天政务繁多，这个事情她可能也忘了，但是禁不住安德海提醒。在奕訢那里碰了钉子，他免不了要说道说道。当时，安德海就跟老佛爷说了，您看这事真是倒霉啊，我到六爷那要换瓷器，六爷居然不允许。这话一出，慈禧当即一个激灵，有了警觉，为什么不给换啊？然后这个安德海就开始添枝加叶、添油加醋，污蔑人家奕訢怎么怎么糟践他了，这个话一传就变了味，慈禧一听气得眼都绿了，咬牙切齿说，好你个奕訢，你怎么着？要造反啊！

这么一来，慈禧和奕訢之间就有了实质性的矛盾，慈禧还就此放话要调查奕訢的所作所为，然后开始鼓动慈安，指出奕訢有夺取她们姐俩权力的嫌疑，并声称朝野上下眼中都只有一个六王爷，都快忘了还有皇上，更别提她们姐儿俩。慈安一听，确实有些道理，但是并没发现奕訢有造反的苗头，况且有奕訢以来，朝野上下都是奕訢在处理，她乐得清闲。但是慈禧不能苟同，她是极力劝说慈安，垂帘听政不能付诸东流，权力也实在得来不易，这么白白拱手让人岂不可惜，要采取措施才行。这回慈安点了点头，慈禧就利用这个机会马上进行暗中操作，把调查奕訢的命令发了出去。

恰恰这个时候有个钻空子的人，这个人叫蔡寿祺，是一个十分善于钻空子的人，要是没有他，还不知谁能来说这个事。他看准慈禧的心态之后马上就上了一个折子，这个折子历数奕訢贪墨、骄盈、揽权、徇私等罪过，慈禧皇太后看了之后，把这个折子默默地留了下来，伺机而动。

知识链接

蔡寿祺，清道光十九年（1839）进士，改庶吉士，授编修。同治四年（1865）二月以翰林院编修署日讲官。因弹劾恭亲王被即行革职，勒令回籍。蔡寿祺革职后，仍然逗留京师，从此潦倒，50多岁就须发皆白。著有《梦绿草堂诗钞》。

紧接着，恭亲王就接到慈禧旨意被免去了差事，赋闲在家，这回慈禧总算

◆ 道光妃、恭亲王奕訢生母静妃画像

松了一口气。可是这毕竟是她初步运用自己的权力，政治手腕还尚不成熟，她虽然革了恭亲王的职，但朝野内外都是恭亲王的党羽，恭亲王不会轻易罢手，这件事也不会这么轻松就了结。

再罢奕訢

因为这几年奕訢的功劳是朝野上下有目共睹的，即使有些事不是什么大事，奕訢也都责无旁贷，奕訢一经罢免，引起不少人的不满。慈禧接连收到上书，请求免去奕訢的处分，慈禧一看这大臣对自己的处理是不太满意啊，就赶紧去跟慈安商量。慈安还是比较厚道的，主张适可而止、得过且过，毕竟六爷功劳不小。慈禧一看，既然这个事情确实是处理得过于鲁莽了，那就改变策略，放长线钓大鱼，于是就恢复了奕訢的议政王身份。这是第一次罢免恭亲王，到其恢复职位，前后仅持续了十天的时间，慈禧算得上惨败。

但是，要知道慈禧并不是那种善罢甘休的女人，奕訢再一次独揽大权，慈禧的心中更加难以平复，她早晚还是要找机会彻底扳倒奕訢。

♦ 皇帝龙袍（前）

在那个时期，慈禧认为，分担她权力的人只有她儿子和慈安，再容不下他人，除了他们之外的别人，是她绝不允许来触碰她的权力的。因为慈安是正宫娘娘，她无法与之竞争，有事儿和她商量就已经足够了，而自己的儿子是皇帝，这个时候不能亲政，那只有两宫太后可以分担权力，奕訢身为一个议政王的历史使命早该结束。

从那以后，恭亲王与慈禧相处的过程中，就时常发生摩擦。说到他第二次遭到罢免，还是因为这个安德海。

同治八年（1869）的时候，安德海以皇帝就快要大婚为由，奉慈禧太后之命到南方为同治皇帝采办龙袍。其实，太监是不被允许出宫的，安德海得以出宫应该也是在慈禧面前下了一番功夫，才求来这么个机会，并且找了个借口。安德海一出宫门直奔苏州，不料早已被慈安和恭亲王给盯上了。其实慈安与慈禧多多少少也是有矛盾的，包括与小皇帝之间，也有着错综复杂的矛盾，所以这次慈安跟恭亲王同仇敌忾，合力对付安德海。

要怪也就怪安德海这个人太不安分，想不引起别人的注意都难，本身一个太监出宫就是违规操作，他在路上还不检点，十分张扬，找了许多女人上他的官船，沿运河南下的过程中还大张旗鼓、吹拉弹唱，要多高调有多高调。所以他的船游到山东地界的时候，就碰上一个胆大的巡抚要治他，那人就是丁宝桢。他在办安德海之前，决定先去探了探慈安的态度，他火速八百里加急上书请示慈安。当时慈禧正在病中，慈安独当一面，把折子一看，心想这安德海了不得啊，出了宫不说，在路上还有这么多嚣张的事，当即一道秘密口谕，下令就地正法安德海。丁宝桢很快接到了谕旨，有太后撑腰，那还等什么，立马前去拿下安德海，二话不说就给他斩首示众了。

慈禧得知此事之后衔恨在心，气不打一处来，她知道慈安是与恭亲王串通一气的，所以在小皇帝面前，言语间透露出对恭亲王的深刻憎恨和极致不满，撺掇小皇帝找一个借口把恭亲王再一次全权罢免。

当时小皇帝提出要给两个母后修复圆明园，但是奕訢考虑要以国家大事用银为重，所以反对，认为修圆明园这些事都太浪费了，这就触了小皇帝的霉头，使得他十分生气，想起母亲说的一些话就把恭亲王的一切差事又给罢免了。随即立刻招来朝野上下一片反对之声，所以西太后又不得不摆出姿态，装模作样对小皇帝大加训斥了一番，然后无奈又给恭亲王恢复了一些差事，这第二回合，恭亲王还是赢了。

通过这两次的交手，奕訢的心灵可以说是受到了沉重的打击。最终他彻底被免职是在1884年，当时是中法战争非常激烈的时期。就中法战争这个问题，奕訢是主张议和的，然而慈禧是主战的，两人再次产生矛盾，最后法国人竟然“不战而胜”，使得大清国丢尽颜面。慈禧一怒之下，又以此为借口，再一次罢免了奕訢，让他从此赋闲在家。

知识链接

中法战争失利后，慈禧罢免了以奕訢为首的军机处全班人马。与此同时，成立了新的军机处，新军机处的组成人员在识见、威望、能力和人品上与原军机处人员相比相差甚远，他们是一些不谙国际事务、不懂国内政情的官僚。新军机处在某种意义上讲成了慈禧的装饰品，慈禧对以恭亲王奕訢为首的军机处的撤换是晚清政治史上的一个重大事件。罢黜恭亲王奕訢的一切官职，撤换了以奕訢为首的军机处，使慈禧成了不受任何约束的拥有绝对权威的太上女皇，这也正是她梦寐以求的。

加害慈安

然而事实并不像慈禧预料的那么简单，此时她还不能够真正独揽大权，因为还剩下一个永远横亘在她面前的正宫慈安，这个障碍是无法跨越的。只要慈安一除，慈禧就能够真正的一人独大，所以慈安这个阻碍她专权的绊脚石，就是她下一个开刀的对象。

之前，宫中一直在传慈禧患上了一种血崩之症，慈安当时还下懿旨让各督抚找寻名医，请进宫为慈禧调理医治。所以这期间，大家都知道慈禧卧病已久，而且大臣上朝的时候，发现只剩慈安一人在里面垂帘听政了，

◆ 慈安太后常服像

♦ 慈禧太后

慈禧则在养病。这种情况时间一长，大家都认为慈禧的身体不行了，肯定命不久矣，可是没想到，有一天去上朝的时候宫门打开，突然太监在里面传出一句话是“慈安皇太后驾崩了”，这帮大臣一下子震惊了，都不敢相信自己的耳朵，甚至怀疑是太监说错了。一直在病中的明明是慈禧皇太后，怎么会是慈安皇太后去世了呢？大家一时间都没反应过来，面面相觑。

之后急急忙忙到宫里一看，果真是慈禧太后在上面完好端坐着，而慈安在里面已经小殓了，衣服都穿好了，脸也盖上了，当时大臣们面对这突如其来的变故，登时哭倒一片。

而在《翁同龢日记》中有这样一则记载，有人制止痛哭的大臣，提醒

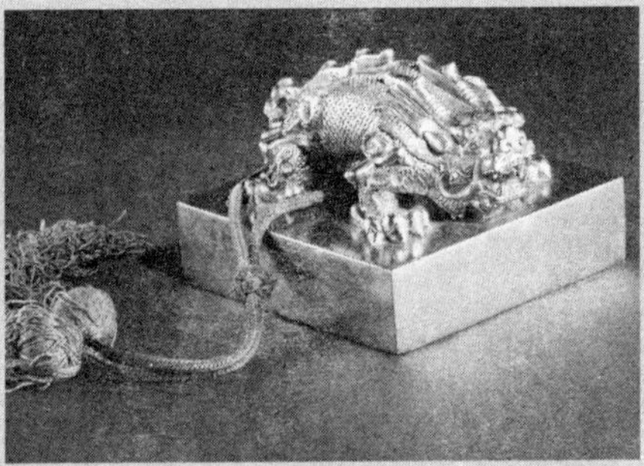

◆ 宫中金印：皇后之宝

◆ 宫中金印印文：皇后之宝

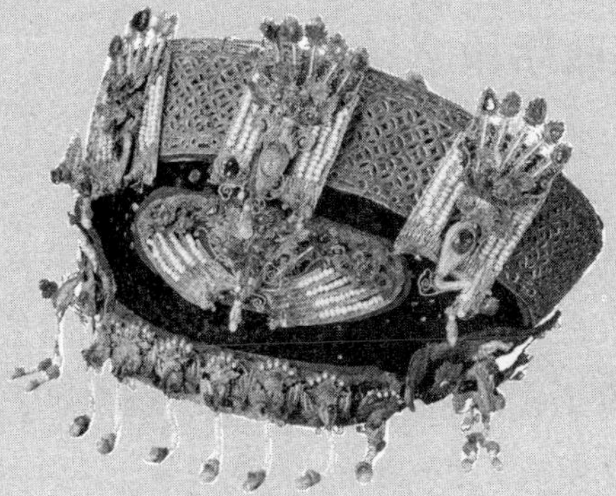

◆ 皇后九凤钿子

说西太后正看着。可见慈禧和慈安之间的矛盾已经到了白热化的程度，大臣因为惧怕慈禧，甚至不敢为慈安哭丧。

如此看来，慈安之死应该是大有文章，非正常死亡的可能性很大。据说慈安太后一贯喜欢吃小点心，所以慈禧就让她的太监和宫女给慈安送去了一个食盒，送去的食盒中有一些小点心，慈安吃完之后，当夜就暴亡了。

不过不管慈安的真正死因是什么，慈禧在通向专权的道路上确实没有了任何阻碍。这个结果无疑是她经过一步一步的努力，处心经营、谋划计算得到的，最后终于一个人独揽了大权，然而还有更多的风暴、更多的坎坷在等着她去战胜和跨越。

◎ 慈禧执政手段之谜（下）

慈禧，一个没有皇帝名分的女人，竟然统治了中国将近半个世纪，令人唏嘘。她成功地让王公大臣都对她俯首屈膝，在奕訢被废掉之后挑选她自己认为合适的人选来掌管军机大权，即使儿子同治早逝，慈禧仍能继续掌权，转而操纵帘子前面的光绪。在民间，她竟树立了万民敬仰的个人权威，然而又有很多事例表明她有着“顺我者昌”“逆我者亡”的跋扈个性，这一系列的事件，都有着什么样的始末？我们只有通过继续解密慈禧的执政手段，来一探究竟。

任用汉人

经过了多个回合的鏖战，慈禧终于战胜了奕訢，而后还把横亘在她面前的慈安也给解决了，看似她的前途是坦荡了，但其实还有更多的坎坷和暗藏的杀机在等待着她。在她执政的时候，曾国藩、左宗棠、李鸿章这些

♦ 曾国藩

◆ 李鸿章

人杰都是不容忽视的。慈禧太后想要安置好他们的位置，权衡好和他们之间的关系，就需要充分运用自己的才华。

慈禧当政时期，清朝已经在走下坡路了。八旗的满洲贵族包括王公大臣，以及爱新觉罗的这些王公贵胄，早已经没有了当初入关时那种霸气，满清帝国那种虚假盛世的状态也不复存在。一众八旗子弟全然丧失斗志，成了提着鸟笼闲逛的游手好闲之徒，整日热衷于花天酒地、吃喝玩乐，所以整个王朝呈现出的局势是潦倒不堪的。

在这种情况下，想要镇压太平天国、捻军起义，绝对是非常困难的。当时恭亲王奕訢还在位，他提议采用汉人，慈禧十分明智地接纳这个意见，所以历史舞台上就有了名臣曾国藩的出场。曾国藩这个人熟读四书五经，可谓有勇有谋，因为他一直在训练湘勇，当时朝廷就委任他带兵平乱，巧妙地利用湘军镇压了太平天国起义。

但是事成之后，慈禧又去跟慈安讨论，她认为湘军部队留不得，一定要将之解散，态度极其坚决。那慈安就问了，湘军解散了，要是再有起义怎么办？慈禧道出了自己的忧虑，湘军若不解散，久而久之势必功高盖主。至于曾国藩，可以给他封爵拜相。

于是，慈禧传召曾国藩命其火速进京。可是曾国藩到了京师之后，慈禧太后却告诉慈安不要立即就见他，先等一等。慈安也不明所以，就按慈禧说的做吧，她主意多。其实这恰恰是慈禧所用的一个政治伎俩，曾国藩功劳大是显而易见的，所以她就要采用心理战，去磨一磨他的锐气，先攻破他的心理防线。

其实慈禧这么做是因为听到一个传言，说在江南的时候，曾国藩成功镇压了太平天国，就有人向他进言，称大清朝已经摇摇欲坠，劝曾国藩不要再保它，就在江南自立为帝得了。关于这个传言，应该是确有其事，之后还得到了证实，在一些笔记中都能找到相关的记载。

五天不见，曾国藩果然心里没底了，摸不准慈禧的路数，不知道慈禧到底要干什么，这个时候他已经接近心理崩溃了。到了第六天的时候，慈禧把他叫去了，让他面见两宫太后。曾国藩面见之时已是汗流浃背、气喘吁吁，进来就跪下了。只听慈禧太后在帘子后面单刀直入地向他问话，问他在来的时候路上安不安静，曾国藩一听这是话里有话啊，听得他又出了一头汗，就回答说挺安静的。其实慈禧这是在问他有没有散兵游勇在捣乱。然后慈禧又问他湘勇可撤了，这句话十分关键，曾国藩回答说撤了。这个时候，慈禧的心理战术已经成功

知识链接

咸丰皇帝活着的时候就曾有过担忧，他认为如果曾国藩等汉人的官僚势力不加以控制，日后拥兵自重，那清廷岂不是同样危在旦夕吗？所以，不到万不得已是不能授予汉人过大权力的，对此慈禧不是不知道，但中国士大夫最忌讳的是有功不赏、有过不罚。在镇压太平军时，曾国藩作为湘军的首创者和领袖，东奔西跑，事后却只得了些钦差大臣之类的虚职。他的一些朋友和将领，如胡林翼、刘长佑等，一个个都封了总督巡抚。曾国藩心里当然郁闷，他的门生弟子、亲朋好友也一个个为他喊冤叫屈。

♦ 绣线“慈禧皇太后之宝”印松鹤图轴

了，曾国藩的心理防线算是彻底崩溃了，完全领教到了慈禧太后的不简单。

最后，慈禧授予了曾国藩直隶总督的官职，实际上就是把他放到京师，在她眼皮子底下便于看管。因为不管他有多大能耐，在京师也是施展不开的，但若是回到了南方，那情况可就另当别论——相当于放虎归山。所以说慈禧一直就是在利用汉人的才智，对于其萌生的一点儿不良苗头，就坚决给扼杀在摇篮里，她这一步棋走得让曾国藩心服口服。

奕譞上位

后世史学界有观点认为慈禧知人善任，重用汉人，手下能人非常之多，如曾国藩、胡林翼、左宗棠、李鸿章、骆秉章等当时的大人物，放到历史上任何时代都是响当当——就连袁世凯的本事也堪比曹操，能让这样一大批能人心甘情愿地接受她的指挥，足见慈禧的用人能力不输须眉。但是大臣们毕竟没有宗室血脉，奕訢又被慈禧拿下了，军机大权要放到一个合适的人的手上，才能让慈禧高枕无忧，这时候，她选择了宗室的另外一个人——道光皇帝的第七个儿子奕譞。

其实在这件事情上，慈禧是经过了周密的考虑的。首先这个奕譞是宗室皇亲，又是慈禧的妹夫，虽然他是恭亲王奕訢的弟弟，但二人不是一个娘胎出来的；其次，奕譞不比奕訢，奕訢是锋芒毕露，奕譞虽然比哥哥小，但是他很老到、很圆滑，考虑事情比较周到，在做一件事之前，他会方方面面地考虑周全，会顾及事件涉及的他人的态度，很会看慈禧太后的脸色办事，会考虑慈禧的喜怒哀乐。

比如，在他的儿子做了皇帝之后，底下就有人蠢蠢欲动了，给奕譞出谋划策，写文章鼓动唆使奕譞掌控大权，因为他身为皇帝的父亲，那就是名正言顺的“太上皇”了，“太上皇”就应该到宫里面辅佐皇帝。结果呢，奕譞看完这个文章之后不动声色，原封不动地上交给了慈禧皇太后，丝毫没有隐瞒，以此来向太后证明自己是忠心耿耿、忠心可鉴的，完全透明化地让太后看清楚，奕譞这一点是非常高明的。

♦ 清穆宗同治帝像

实际上，慈禧一直担心奕譞会威胁到她的皇权。传说早年曾发生过一件非常不愉快的事情，让慈禧始终耿耿于怀。这件事是由奕譞的家族墓引起的：该墓穴在北京西山妙峰山，奕譞早早就提前修好了。此事慈禧是知道的，因为将来自己的妹妹也会葬于此，一定要是好风好水的宝地。当时朝廷还派专人前去选风水，并且在建筑规制、物料、守墓人这些方面都妥当安排好了，这完全是奉旨而行。

但是，差错出在哪儿呢？就是当时这个王爷坟顶上长出了两棵白果树，有人将这个事上报给了慈禧。那么长了白果树有何不可呢？上报之人就给慈禧分析了，白果树长在王爷坟顶上，那么白果树下面埋的就是王爷，上面一个“白”下面一个“王”，这分明是一个“皇”字啊！慈禧一听可了不得了，这不就是意味着奕譞将来要当皇上吗，不是皇上也得是太上皇，那哪能行。所以慈禧立即下令，派人去把树砍了。

这两棵白果树根枝粗壮，那些受命的人到了那儿根本砍不动，再一砍的时候，这个白果树竟然流血了，一股血流喷涌而出，把伐树人吓得魂飞魄散。但是慈禧不管那一套，说流什么都得给我砍了。最后这两棵白果树还是被伐倒了。

圆滑的奕譞，针对这件事亲自写了一封奏疏给太后，大意是说将来有谁再有类似事件发生，就应该杀无赦，请求太后说谁有夺权嫌疑就杀谁。慈禧一看这奕譞确实是个老实人，绝对不会像六爷奕訢那般，就放下心来让他顶替奕訢，终于把一部分军政大权放手交给了他。但实际上奕譞只是更擅长为官之道，他的才智是远远逊于他六哥的，在处理朝政方面远不如奕訢。

操纵光绪

有人评论认为，在执政的最开始，慈禧可能只是想帮儿子同治看好江山，等到小皇帝长大成人，再将权力移交到他手上，自己则可以颐养天年。从她每次撤帘归政前总是热心于修建园林，就可以看出这种心态。但是同

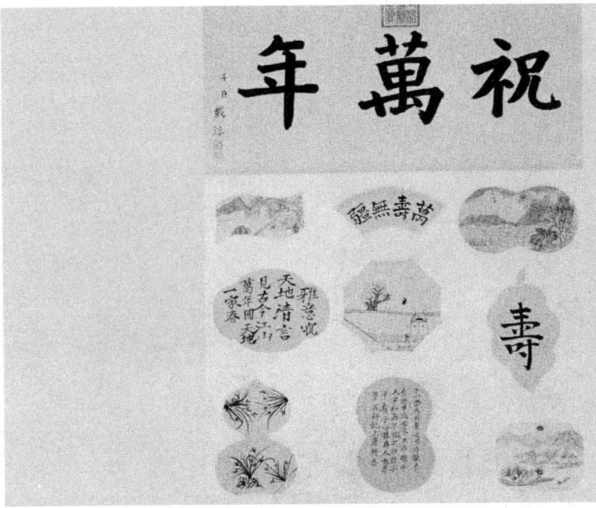

◆同治画作《祝万年图》

治却十分不争气，他天生不爱读书，喜好玩乐，十六七岁的年纪本应该亲政了，但他竟然连奏章都读不成句儿，等到 18 岁好不容易亲政了，可惜又福薄命浅，仅一年多就得天花死了，而且没有留下任何子女。

同治死后，慈禧选中了自己妹妹的儿子载湉做皇帝，也就是光绪，但是慈禧并不是单纯帮助光绪去守护皇权，她将大臣各个安置明白了之后，对待光绪也必然是免不了一番操纵。慈禧在立储这个问题上可谓是豁出去了，她不立嫡，不立长，拿自己的小外甥来立了个小皇帝，为的就是控制起来方便。

其实，光绪这孩子还是挺有志向的，但是慈禧选他又不是为了让他做好皇帝，有了他这个好皇帝，那哪还有慈禧的立足之地。所以慈禧必须想招儿把他控制起来，首先要做的就是在心理上的摧残，由内而外地将他束缚住。慈禧做出了一个有点离谱变态的事，她让光绪叫她“亲阿玛”。

这么一来，光绪在心理上就被慈禧牢牢把握住了，且慈禧说话向来声音大，久而久之让光绪对她产生了深深的畏惧，使得光绪一听见慈禧发话就吓得一激灵，甚至听见打雷声都会一惊，更有传言说光绪后来不能生育

◆《清光绪大婚图》

都是被慈禧给吓的。

此外，慈禧为了控制光绪皇帝，在为他选皇后这件事上也下了功夫，她吸取了自己儿子选皇后时期的教训，把弟弟桂祥的女儿，也就是自己的侄女选为光绪的皇后，这么一来，这位皇后就充当了慈禧的眼线、窃听器。如果光绪有什么不满意的言论，都会被如实汇报到太后那儿，光绪皇帝对此很郁闷，所以他和皇后的关系并不好。

其实，光绪的大婚本来就已一拖再拖，因为成婚了就意味着成年了，成年了慈禧就得将权力移交给他，所以慈禧迟迟不给光绪皇帝举行成人之礼，不让他成婚。

后来，实在不可再拖了，总算要举行婚礼之时，太和门却意外失火了。这太和门是皇帝和皇后成婚时的必经之地，现在给烧成了一团糟，还如何举行婚礼。古时候都信奉这类偶然事件是上天的警示，而且还碰上这个时候，就让慈禧感到了恐惧，以为是上天在警告自己不可再独揽大权。但是就这么把权力让出去，慈禧怎么能甘心，好不容易除掉了奕訢和慈安，就剩自己一人独大，也没人逼迫，慈禧这权力实在舍不得放。

♦ 光绪皇后大婚龙凤袍

◆ 皇帝大婚用品：明黄缎地绣五彩金龙凤枕头顶纸样

既然如此那就得做做样子了，所以慈禧就必须让光绪顺利地完婚，好以此表明自己并不是想捏着权力不放。于是，慈禧命令内务府大臣火速建造太和门，然后花了好多银子在几天之内弄了个假的太和门出来，这才没有耽误光绪皇帝的大婚。慈禧可谓用尽心思，对光绪皇帝大婚丝毫不敢马虎。然而这就打出了一个幌子，试图让人觉得她慈禧是很热衷于把大权交出去的，并且她在皇帝大婚之后就躲到了颐和园。

但实际上权力还是在慈禧手里，她这个人不是一般的狡猾，她到颐和园之后却并不是独享清福去了。在园子里，她也还是时时刻刻在关注着朝廷的动向，她身边以李莲英为首的心腹数不胜数，找人帮她打听一些事轻而易举。

知识链接

武则天和慈禧太后堪称改变中国历史的女人，她们有许多可比之处，她们的共同点在于实际执政长达数十年，都从自己丈夫执政的时代就开始参与朝政，到儿子做皇帝时自己的羽翼已经丰满，逐渐取代儿孙成了实质上的执政者，成为中国历史上极为罕见的真正女政治家。武则天与慈禧不同的是，她看到以自己一己之力无法改变社会的进程时，知难而退把皇权让给了子孙，其实作为女人她的理想可以说已经实现了，她不但做了皇帝而且还做得不错，证明给了她以前和以后的男人们看，这是她的成功，也是她的悲哀。至于慈禧，则是抓住权力至死不肯放手，权力欲从未衰退过。

政治作为

慈禧不光善于玩弄权术，实际上她在政治上也是有所作为的，当时她还整顿吏治，做出过一些政绩。

有名的杨乃武和小白菜的故事，就是一个偶然提供给慈禧施展其政治才能的契机。故事中的小白菜原名毕秀姑，因常年身穿绿衣裳、白裙子，所以人称小白菜。当年她和丈夫租用了杨乃武的房子，而且杨乃武还经常教小白菜学诗作画，一男一女接触频繁之后，就从街坊邻居那儿传出了杨乃武勾引小白菜的闲话。为了避嫌，小白菜夫妇就搬离了杨乃武的房子，到别的地方住去了，可是没多长时间，小白菜的丈夫竟突然口吐白沫身亡了。所以大家都怀疑是杨乃武下毒将之害死的，又恰巧县官与杨乃武早有矛盾，就将小白菜和杨乃武两个人抓了起来，而后还严刑逼供给屈打成招了。

可是杨乃武的表姐和他老婆不相信，于是这姐俩愤然上京去鸣冤，但是小地方的小老百姓在北京没有认识的官吏，想申冤是没人帮忙的，所以第一次她们失败了。然后第二次再去京城鸣冤的时候，这二位就想了办法，联合了京城三十多位官吏，其中包括当时的帝师翁同龢、江南的胡雪岩等。

◆ 养心殿正殿

这回这些名士名流一联合，就将这起冤案炒得沸沸扬扬，慈禧太后在宫里也知道了这件事。

慈禧一琢磨，正好可以借这个事情办一办这些官吏，再查明真相，看看是怎么酿成这起冤案的。于是慈禧便下了一道懿旨，命开棺验尸，结果经过验证，小白菜的丈夫确实不是被毒死的，而是属于正常暴亡。这回案件大白于天下，慈禧却不就此罢休，认为这些官吏如此轻率办案属于草菅人命，一定要严查他们，所以慈禧就借着局面又发起一场大案，把从县衙里的县官到巡抚，还有一些刑部的官吏，通通给免职了。

除此之外，慈禧时刻心系海外同胞，1903 年她也干了一件好事。当时美国旧金山发生了一起八级以上的大地震，这个消息传到京师，慈禧一想这旧金山正是我们华人很多的地方，有很多我们的子民在那，况且人家美国人也不算坏人，就慷慨解囊帮帮他们吧，这也是在帮自己的子孙和臣子。于是慈禧就给美国政府送去了 10 万两白银，而且下令再拿出 4 万两白银，专门给旧金山的华人们。慈禧的这一举动把那些华侨感动得热泪盈眶，甚至有人高呼老佛爷万岁，大加称赞慈禧的功德。

所以说，虽然慈禧处事往往很阴险，但是每一个独裁者都具有其两面性，慈禧也不例外，她不可能将自己尤为恶劣的一面暴露给她的子民，而自然要在她的臣民面前塑造一个慈悲的老佛爷的形象。

逆我者亡

因为慈禧多年手握大权，已经是不怒自威，一般人都不敢顶撞她，却有传说说一个名叫寇连才的小太监曾经竟然敢大肆顶撞老佛爷。

这个太监是昌平人，15 岁时进宫，容貌非常出众，长得眉清目秀，所以他进宫之后一眼就被慈禧太后相中，把他安排在了梳头房，让他负责给慈禧梳头。梳头这个活儿可就有非常多的机会接触老佛爷，可见慈禧是很喜欢他的，而且出于一种喜爱，平时还很照顾他。

寇连才在给慈禧梳头的时候，常常语出惊人、与众不同，老佛爷起初很爱听，觉得新鲜有趣，但是时间长了感觉这小子言语间总是有一些讽谏她的意思，老佛爷就开始不高兴了。

有一天，寇连才一边给老佛爷梳头，一边叨咕，说外边都在说慈禧应该归政给皇上这类的话，惹得慈禧相当不高兴。慈禧就质问他从何听来，他倒也实在，说外面都在传。慈禧就发怒了，外面传的你也敢说，可是这寇连才还不识趣，说自己要是不说出来就憋得慌。这回慈禧不容忍他了，就把他给赶走了。

但是寇连才走了之后，慈禧还挺想念他的，感觉有他在身边的时候还挺好的，所以就传他回来。但寇连才没有马上回来，而是请了五天的假期，这五天内他闭门不出写了一个折子，这折子里面罗列了太后的十条罪状，包括太后要归政、要让皇帝还宫等一系列大逆不道的话，然后还胆大包天地怀揣这封奏折回宫去见太后了。

老佛爷一看他回来，还挺高兴，满心欢喜地等着他给梳头发，这寇连才就过来伺候着，但是他还不安分，提起了自己那折子的事，要给老佛爷呈上来。这老佛爷就觉着不对劲儿了：你是什么品级的啊，你也不够格上

♦ 养心殿东暖阁垂帘听政处

折子啊，寇连才扑通就跪那儿了，把东西拿出来给太后看了。这老佛爷从头到尾看一遍，登时勃然大怒，气得面目抽搐。先不说这寇连才上书内容有理与否，太监本不该干政，这是要掉脑袋的，但是人家就是冒死来上这个折子的。

慈禧虽然生气，但鉴于喜欢他还是想给他一条活路，就掉转话锋质问他是否有人指使，如果有人指使，可以免去他的罪过。但是这小子坚称折子出自他本人之手，嘴上还继续劝诫慈禧放下权力，安享清福，连“不为江山社稷考虑”这样的话都出来了。这时候老佛爷已经气得不行了，仍然给了他最后一个机会，说如果他能把折子上的内容从头到尾背出来，就能证明这是他自己写的。这个寇连才果真就从头到尾背了一遍。这回老佛爷相信了，也气急了，在这种关键时刻，再喜欢也不行，何况还是个太监？想来动摇她的权力就是死路一条，谁也不能阻挠她垂帘听政！所以慈禧立即下令慎刑司把寇连才给押下去，然后就把他给枭首示众了。

知识链接

> 说起慈禧执政时期身边的太监，就不得不提乱政专权、最受慈禧宠信的大总管李莲英。在《晚清宫廷生活见闻》中有这样的描述：“每天三顿饭、早晚起居他俩都互派太监或当面问候，在西苑颐和园居住的时候，慈禧太后还经常来找李莲英，莲英啊咱们遛弯儿去呀。慈禧太后有时还把李莲英召到她的寝宫谈些黄老长生之术，两人常常谈到深夜。”从这段记述可以看出李莲英实际上成为晚年慈禧生活中一刻也不能离开的伴儿。

慈禧在执政期间，先后扳倒奕訢、害死慈安、牵制大臣、操纵皇帝，最后独揽大权，这其中她要协调好各方关系，同时又要安抚子民，这些足以让一个人费尽心机。慈禧在政治舞台上的所作所为、耍弄的各种手段，几乎让我们已经模糊了她的性别，但事实上，在生活当中，慈禧也仅是一个女人而已。

第二章
西逃之谜

堂堂的慈禧太后因何弃宫西逃？

西逃路上，慈禧一行经历了哪些艰辛曲折，又有哪些惊魂遭遇？

一路上在遭遇困境时，慈禧如何应对？

》》》

♦ 乾清宫

◎ 慈禧西逃之谜（一）

1900年，慈禧太后从顺贞门走出了她一手遮天的皇宫，狼狈地踏上了西逃之旅，全然不复平日的八面威风。因为整件事极为不光彩，所以正史中鲜有记载，造成了这段历史插曲的缺失，那么这其中不为人知的内幕到底是怎样的呢？就让我们通过慈禧的贴身宫女的回忆，去找寻历史的真相。

宫中异常

慈禧太后带着皇帝逃跑，是在光绪二十六年（1900），民间的说法就是闹义和团的那年。据慈禧的贴身大丫头之一何荣回忆，事发前两三天，有小太监透露过一些消息，得力的太监都在顺贞门里，而御花园两边都是扛着枪戒备的侍卫官兵。虽然听闻过外头有乱民闹事，但是具体如何，小

◆ 御花园浮碧亭

小的宫女是无从得知的。身为宫女所能了解的只有眼前的小事，其他的大事一概不知，只知道老太后这几天和往常不太一样，因为她已经好多天未去颐和园了。与何荣一起贴身伺候慈禧的还有宫女小娟子，她属于大管事，何荣是她的助手，当时她暗地嘱咐过何荣这几天要格外留神，因为慈禧整天面色不悦，一丝笑容也无，嘴角更是向左边歪得厉害，说明她心里正憋着一股怒气，不一定什么时候就会爆发。

事发前一天的七月二十日下午，慈禧在屋中睡午觉，宫中四处十分安静，一切如常，不见一丝出逃的迹象。突然，慈禧坐了起来，兀自撩开帘子，平常撩帘子都是由侍女执行，当时慈禧的举动让何荣十分意外，也吓了一跳，赶紧拍暗号通知其他人。随后，慈禧匆匆洗完脸，烟也没有吸，奴才捧上来的冰镇水菠萝也无心品尝，一声吩咐也没有，径自走出了乐寿堂。慈禧一直向北走，宫女何荣匆忙又忐忑地跟在后边，然后大管事小娟子也跟了过来，她们跟着慈禧一直来到了西廊的中间，这时慈禧才说了醒来后的第一句话，她吩咐宫女们不必伺候她。

农历七月的天气，午后极其闷热，大约过了半个时辰，慈禧脸色铁青

♦ 乾清宫宝座

地出来，依旧是一言不发，何荣在廊子里迎接了她。其实就在这一天，这个时候，这个地点，慈禧赐死了珍妃，命人将她推入宁寿宫后顺贞门的井中淹死。当时并没有人知道，直到晚上有人开始偷偷传播这个消息，慈禧身边的宫人们这才得知此事，宫中气氛更加凝重，宫女、太监们都不敢多说一句话。

其实宫中早有异常，从七月中旬以后，宫中上下就没有了以往的悠闲，下朝没有一定的时间，甚至晚上还要上朝。在宫里是要十分严肃的，不许一个人谈论外边的情况。但即使只是察言观色，也能够知道发生了大事儿。李莲英也跟往常不太一样了，以前慈禧退朝的时候，他总是围着太后转，然而这几天却像热锅上的蚂蚁一样进进出出，片刻也不停留。

联军攻城

二十日下午慈禧上朝回来后，依旧神情严肃，面色铁青，两眼发直，

♦ 紫禁城

◆慈禧太后六十大寿像

知识链接

光绪实际上是个傀儡皇帝，清政府要对八国联军宣战，光绪本来是持反对态度的，就在慈禧要叫外交部门的人去送照会的时候，光绪还拉着她的手不让她走，慈禧还骂他，说皇帝放手，勿误事。光绪在很多事上根本没有发言权，特别是慈禧把他的爱妃珍妃残忍处死，使得光绪在精神上受到了很大的打击。

一心沉思。这是慈禧一向的习惯，遇到为难的事就独自思索，对谁也不说，当然更不用说商量了。宫里有规矩，内监回话不许外人听，所以李莲英进来的时候，用一个眼神就屏退了宫女们，他禀告了什么事何荣她们谁也不知道。

当天晚上，慈禧照例洗脚、泡指甲，何荣通过小太监知道了些许消息，但是小太监不出宫墙得来的信息也不尽翔实，只知道东一长街上很多太监往来巡逻，外宿的太监不许出宫，还有好多御膳房的人当了义和团都逃走了，宫人已然全都胆战心惊的。

凌晨3点到4点之间的时候，正赶上何荣值夜班，突然听到四外大殿上远远地好像传来猫叫，且尾声很长。起初何荣并没在意，因为宫廷里野猫很多，夜里猫叫并不算稀奇，只是没有这么长的尾声。夜深人静，仔细地听，声音来自正东方，过了一会儿东南方也传来这种猫叫，后来东北方也有，宫里从来没有这么多的猫叫声，所以宫女何荣悄悄地出来知会了守夜的人。宫廷里特别畏惧神鬼，何荣想起前一天珍妃死在井里的事，更是心有余悸，以为

◆ 故宫中轴线

♦ 北护城河

她冤魂不散，回来显灵，吓得浑身起鸡皮疙瘩。等到慈禧凌晨4点醒来的时候，天已经蒙蒙亮了，按说猫叫应该停止了，可当时情况恰恰相反，好像东、南、北三方一共有几十只猫还在乱叫，慈禧也仔细地听，还打发人去外面查看，但也看不出什么。

就在这时，李莲英惊慌失措地走了进来，将一切礼仪、避讳全都抛诸脑后，说鬼子打进城来了。在慈禧吩咐仔细讲之后，李莲英开始将局势讲明，说德国鬼子由朝阳门进来了，日本鬼子由东直门进来的，俄国鬼子由永定门进来，把天坛围上了，全部火力都在进攻紫禁城，枪子儿一溜一溜地在半空飞，据说，这是护军统领澜公爷特来禀告的。这时大家才知道，所谓的半夜猫叫原来就是子弹在空中呼啸的声音。李莲英提议为了不惊动圣驾，请慈禧太后暂时避一避。

然而，正要准备为慈禧传早膳的时候，突然一粒流弹落在乐寿堂西偏殿的房顶上，可以清楚地听到子弹从房顶滚落在地的声音。当时李莲英喊了一句："老佛爷，快起驾吧！"慈禧这才当真惊慌起来，并吩咐人去请皇上，同时传谕皇后、慈宁宫的太妃们，以及在宫里住的格格们，全都迅速

◆ 故宫城墙

◆ 故宫三大殿

到乐寿堂来，另外派太监告知大阿哥换好行装，随时准备出走。然后，皇上身着平时装束而来，在慈禧面前说话向来细声细语的光绪，此番仍旧如此，但是慈禧此时已经明显焦急起来了。

乔装出逃

之后，慈禧急忙指派李莲英去护军那里找几件衣服给皇上换上，一会儿，他果真弄了一个红色包袱进来，里面包着汉民的裤褂、鞋袜、青腿带，还有一绺黑色头绳，可以说一应俱全。

紧接着李莲英亲自上阵为慈禧梳头。虽然李莲英长得笨拙臃肿，可是做起活儿来，却是灵巧得很。他先是散开慈禧的头发，用热毛巾在发上熨一熨，再把头发拢在一起向后梳通，用左手把头发握住，用牙咬紧发绳的一头，右手扯住另一头使发绳缠住发根扎紧辫绳，待到发绳缠到约一寸长，以辫根为中心，把头发分为两股拧成麻花形，长辫子由左向右转，盘在辫根上。不到片刻的工夫，一个汉民老妇的发型就出来了。然后在辫根黑色

♦ 慈禧印章

◆ 慈禧印章

头绳上插上老瓜瓢，这样使得所有盘在辫根上的头发不至松散下来。最后再用网子一兜，系紧，头就彻底做完了。整个过程中慈禧没有任何异议，这个时候的她也就只有任人摆布了。

随后，慈禧又赶忙换上平民式的素衣。深蓝色夏布的褂子，整大襟的样式，下过水，半新不旧的，老太后身体发胖，显得有些紧绷；浅蓝的旧裤子，洗得有一些褪色了；一对新的绑腿带，新白布袜子，黑布蒙帮的鞋，袜子和鞋都很合脚。

当时，为了出逃，慈禧还下狠心将自己的指甲剪掉了，她的贴身宫女们都知道，那是她花了几年的时间精心养长的，尤其是左手无名指、小拇指的指甲足足有两寸来长。她叫人来剪的时候，虽然将手伸了出来，却背着脸颤声下命，可见指甲确实是慈禧的心头肉，她也是到了这个情况下才算真正地下决心出逃了。

在李莲英的摆弄下，装扮收拾妥当，慈禧跟贴身宫女确认好她的口谕安排后，选择带身边的何荣和小娟子跟她一起走，这对宫女来说可谓天大的恩典，在这生死关头，能有幸随行慈禧，等于是绝处逢生。二人感激得满脸是泪，赶紧抱住慈禧的大腿，给慈禧磕头谢恩。

这时候皇帝也换好了装扮，以深蓝色无领长衫配一条肥大的黑裤子，还戴了一顶圆顶的小草帽，活像一个做买卖的小伙计。同时，皇后、瑾妃、三格格、四格格、元大奶奶，这些被传谕要换好衣服伴驾出走的人，也全都整装待发了，而其余没有被传谕让换衣服的妃嫔们，自然是要留在宫中。在这大难临头的时候，外国侵略者攻进来不知道会落得个什么结果，所以各人有各人的心事，各人有各人的委屈，每个人都心情复杂，但相同的是，大家都如丧考妣、脸色铁青。

虽然在历史上，慈禧专横跋扈、霸道专权，但在她临行之时，却还有奴才衷心地对她不舍。这个奴才是一个名叫张福的太监，当时他跪着爬进了慈禧寝宫的宫门，一直爬到她脚下，用头叩着金砖地说自己老朽无能，不能伺候慈禧外巡，只能现在磕头表示，祝慈禧万事如意。这一番话，惹得屋子里所有的人都痛哭失声了。

这几乎是生死离别的送行，倘若洋鬼子进宫，个人会是什么下场那是不得而知的，所以上到嫔妃，下到宫女，平日感情比较好的姐妹都是相互拥抱泣不成声，彼此嘱托着后事，摘头花、捋手串，对赠遗物。得以随行慈禧的何荣和小娟子，也接到了朝夕相处的姐妹们的赠物，各有七八份饰物。这些宫女偷偷将东西塞给她们俩，好像她们一定能活，而留宫的她们就一定会死一样。这些宫女从小进宫，不谙世事时便离开家门，此番已受过宫

知识链接

关于慈禧出逃是临时决定的说法，有一部分人还抱有怀疑的态度，但从种种迹象来看，很可能是慈禧身边的李莲英去操办的。虽然出逃时用的民间百姓衣服准备得比较齐全，但慈禧走的时候却是很匆忙的，宫中的东西丝毫未动，她只留下一张便条，大意是说，以后如果有太监来宫中取东西，要以她的这一枚图章为依据。她的图章叫“凤沼恩波”，是以阴文刻进去的，这一枚“凤沼恩波”中的凤代表的就是皇太后，意思就是凤凰池沼里面的波浪，但是这个波浪是一种恩惠的波浪，所以名为“凤沼恩波”。实际上这是一枚慈禧太后在赏赐别人的时候所用的图章。至于这张便条，现在还保存在档案管里面。也是通过这张便条，后世才了解到了慈禧太后的真迹。

◆ 凤沼恩波

中磨难，经历了成长，深知离别的意义，这离别的场面可谓十分令人心酸。

逃难之路

慈禧出逃时，在顺贞门外备了三辆车，分别是两辆轿车，一辆铁网子的蒲笼车。其中一辆很整齐，应该是宫里的车，但是中腰帷子前面的帐子都已经没有了，另两辆很明显就可以看出，是雇来的趟子车。所谓趟子车是指拉货拉人做买卖、论趟数给钱的车，是由大车店里雇来的。

当时，各大宅门里都有自己特备的华贵的轿车，争奇斗富，皇宫里当然也有特用的轿车。平时慈禧太后去颐和园坐的是一种叫大鞍车的轿车。这种车非常讲究，一律用薄纱帷幔，四处通风，车帘子四周也都镶有纱边，中间是一块玻璃，车内是温州草席的软垫子，再配上紫胶车和栗子色的走骡。车走起来时，坐车的人就像坐在穿堂门里一样，凉风阵阵地吹在身上，算是一种极致的享受。即使是侍女，平常坐的也是这种既漂亮又舒服、十分讲究的轿车。

虽然当时洋鬼子破城而入，正值兵荒马乱时期，但以慈禧的权威，发一道口谕命令下面预备几辆精致的轿车应该是不难办到的，然而她却放下

♦ 慈禧西逃场景（一）

♦ 慈禧西逃场景（二）

尊严，偏偏从大车店雇车，大概和换装是一样的道理，为了掩人耳目便于出逃。

当时眼前的轿车根本没有车帐子，跨车辕的人免不了要经受日晒雨淋，同时车帷幔、车帘子的材质皆为蓝布，根本达不到通风的条件，坐在车中的人一定会憋闷难耐。蒲笼车也一样，车尾用芦席缝起来，活像鸡婆婆的尾巴在后面耷拉着。然而，当时慈禧一行人的生命，就完全寄托在这样的三辆车上了。

出了顺贞门，大家就自动地按次序排列起来，因为衣着打扮都是一番大变样，要仔细辨认才能看出对方是谁。皇后是褐色的竹布上衣、毛蓝色的裤子，脚下穿一双青布鞋，裤腿向前抿着，更显得人高马大。瑾妃一身浅灰色的裤褂，头上蒙一条蓝手巾，裤子的裤裆大了一些，向下嘟噜着，显着有些笨拙。此外三格格、四格格、元大奶奶都是一身蓝布装束，头上顶一条毛巾，从后面看根本分不出谁是谁。

最惹人注目的还要数慈禧手下的"哼哈二将"——李莲英和崔玉贵。崔玉贵在这段时间很少露面，主要原因是他成了内宫的护卫，带领一众青年太监，日夜巡逻皇宫内的几条重要街道和门户。这份差事极为重要，相当于慈禧的贴身护卫，可见慈禧对崔玉贵也有一种特殊的信任。若非他享

♦ 慈禧西逃场景（三）

♦ 慈禧西逃场景（四）

有这样的恩宠，是不会被指派去做这样的差事的。所以在那个时候，崔玉贵感到面上十分有光。在出逃的路上，他仍是担任护卫。他不像李莲英那么有城府，一路上不停地摇头晃脑，丝毫掩饰不住内心的得意。

崔玉贵的装扮就像跟车的脚夫，短衣襟、小打扮，一身毛蓝裤褂，腰里结一根绳子，把汗手巾系在腰上，辫子盘起来，用手巾往后、往前一兜，脚底下蹬了一双登山纳帮的掌子鞋，活脱脱的一个苦力，真正是挺胸拔肚，三十多岁的一条车轴汉子。

这一路别人都担惊害怕，和犯人去菜市口差不多，可崔玉贵认为这是他卖命的时机到了，比起李莲英来神气多了。李莲英这些日子十分消沉，先是义和团失败了，因为他原本是同情义和团的，之后他一直每天来往匆匆，向慈禧禀报完消息就会匆匆离去，而慈禧也是不听任何其他人的消息，只听李莲英的。情况的恶化，导致李莲英的神色也日渐难看，脸越来越长，厚嘴唇也是越噘越高，两只胡椒眼儿也不那么灵活了，肉眼泡子像肿了似的向下垂着。

李莲英在京城十分有名，他的长相也众所周知。他颇有自知之明，在出逃时大加伪装了一番，首先他把自己的头藏起来，戴了一顶老农民式的大草帽子，帽子是宽宽的圆边，两边系着两条带子，往下巴底下一勒，让

♦ 北京老照片 城区街道

两边的帽檐耷拉下来便遮住了脸，然后他还穿了一身旧衣服，活生生一个跟车伺候人的糟老头儿，平常的三品顶戴当然也是不见了。

当时跟随慈禧出逃的有光绪、大阿哥、皇后、瑾妃、三格格、四格格以及元大奶奶，慈禧带的侍女是何荣和小娟子，两位格格各带一个侍女，皇后带一个侍女，总共加起来是三个男的、十个女的（还不算太监），三辆车哪能坐下这么多人？两辆轿车最多也只能坐六个，剩下的就都要挤在蒲笼车里了，这种情况好比船到江心，能有坐的地方保命就是万幸了。

在路上慈禧下了命令，这趟出门谁都不能多嘴，路上遇事全由慈禧发话。在慈禧说话的时候大家都盯着大阿哥，因为大阿哥这个人尤为不懂深浅。当时 15 岁的他是众人当中最小的，他的父亲是军机处的领班端王爷，叔叔是当时的步军统领澜公爷，这二位兄弟都是支持义和团的，烧西什库教堂子、打东交民巷全是他二人出谋划策的。大阿哥自从出生就没有受过委屈，是个彻彻底底的混账小子，但他就怕慈禧，慈禧曾用鞭子狠狠地抽过他。此趟出行，如遇意外，万一他冒冒失失一嗓子，拍胸脯充大爷暴露了身份，惹得大家跟他一起倒霉，这是慈禧最为担心的事。

最后按照慈禧的吩咐，光绪皇帝乘坐一辆轿车，由溥伦跨辕。然后慈禧太后乘坐一辆轿车，由贴身侍女小娟子陪着，外面大阿哥跨辕。把大阿哥放在慈禧车上，也是因为慈禧对他不放心。至于皇后和格格们都只能挤在蒲笼车里了，黑压压的一车人。就这样，慈禧的车打头阵，然后是光绪的车，最后是蒲笼车，三辆车在平时每天上朝的时间匆匆驶出了神武门。

不得不说，慈禧也着实令人佩服，平时是一个在宫中养尊处优、威风八面的女人，按理说在慌乱出逃的路上，应该十分惊恐才对，可她却非常淡定，想必这和她曾经经过风浪有关系。早年英法联军打进北京的时候，她曾陪着咸丰一起逃到了避暑山庄，那一次出逃的准备也是很不充分。据有关记载，当时负责后勤的是肃顺，慈禧和他的关系非常不好，肃顺还有意刁难她，所以那次出逃让慈禧吃尽了苦头，也许正是因此，这一次她才会如此从容。

慈禧太后在皇宫中作威作福的时候，可能做梦也没想到，一向飞扬跋扈、说一不二的她，竟然会沦落到弃城而逃。此时此刻她可能早已忘了自己在洋人面前的狐假虎威。试想一下，如果当初她能够未雨绸缪，有先见之明地将财力放在强军固本上，最起码不会落得如此狼狈的下场。平日在宫中过惯了养尊处优生活的慈禧太后，就这样在西逃路上带领众人受尽苦难，成就了一段"太后西狩"的苦难往事。

◎ 慈禧西逃之谜（二）

向来养尊处优的慈禧太后，在面对西方列强破城而入时，仓皇地踏上了西逃之路。在这期间，她和她带领的光绪等人，究竟遭受了哪些磨难？品尝了什么样的辛苦？我们还得继续从宫女的回忆里，来一探慈禧西逃的苦难往事。

出城前夕

慈禧西逃的时间是光绪二十六年（1900）七月二十一日，那一年闰八月，相当于平常月份的七月初，热季、雨季都还没过。据老宫女何荣回忆说，她清楚地记得那一天的天空阴沉沉的，东边天上有两块乌黑的云。

逃难的车辆出了神武门就开始拿不定主意往哪个方向走了，宫里的人都是在北京长大的，但是他们却谁也不知道北京城是什么样，往西过了景山，又顺景山西墙往北奔地安门，再过了地安门何荣就已经分不清东南西北了。而且他们不走大街，专找僻静的胡同走，道路湿滑泥泞。车里没有宫女的位置，所以何荣只能蜷伏在装着马料的笸箩上，弯腰曲背，那个狼狈程度可想而知。当然，其他人的境况也不会好太多。

当时八国联军侵占北京，城中百姓大都听到了风声，都开始向乡下逃窜，以至于慈禧一行人到德胜门的时候，逃难的人就已经非常多了。大篷车、小轿车、骡驮子、驴车，在人群中嘈杂地拥挤着，状况堪比咱们现代的大堵车，险些让慈禧他们直到晌午也未能出城。然而太后手下的人自有办法，找人疏通一番，让他们的车先行通过，慈禧这才出了城。

传说德胜门是九门里最坚固、最威风的门，城楼上的箭楼、女墙、马道、藏兵洞，都是最拔尖的。而且德胜门的寓意正是旗开得胜，当时慈禧

♦ 德胜门

◆ 神武门

逃跑也经过了德胜门，这简直是一种讽刺，可以想象她本人当时应该也是百感交集。

战乱给百姓带来的灾难是巨大的，宫女何荣当时出了德胜门，看到不止是难民，一众残兵败卒也在到处找吃的。各商店全都门扉紧锁，这些人就七八个人一堆，十几个人一伙，砸门翻柜子，和难民俨然没有区别。另外，还有很多头上缠着红布、敞胸赤背的义和团依旧是神气十足，似乎状况还好，各不相顾。然而，人们有的往城外逃，也有的往城里挤，人群始终是乱哄哄的，整个德胜门关厢被弄得十分嘈乱。再加上环境的恶劣，地下流着泥水，掺杂着牲畜粪便的味道，经过太阳照射蒸发出来的热气，让人很难忍受，一向锦衣玉食的皇后和格格们都只能闭紧嘴巴不言不语。

落脚颐和园

慈禧的车一经出城，便没入了庄稼地。当时正值雨季，鲜少有人在地里干活。车慢慢地向西走，过了一段时间经过魏公村，然后奔向了颐和园。这一路大道上，逐渐增多的败兵成帮结伙地向西走，有的拉着牲口，没有人发现慈禧他们。这让何荣尝到了心惊胆战、度日如年的滋味。

后来，车辆驶进颐和园的东大门，此时，早已没有了以往繁多的规矩，对于宫女们来说，这还是第一次从正门进颐和园。车一直赶到仁寿殿的台阶前才停住，内务府的当班大臣恩铭前来接驾。见到慈禧，他当即两只手一抖把马蹄袖甩下来，抢步上前叩头，这是臣子必行之礼。

之后，慈禧带领皇后、妃嫔以及格格们来到乐寿堂落脚，这时候的慈禧还能够进寝宫去好生休息，有侍女给她敬上水烟，伺候她洗脸清洁。而她闭目养神时，众人就得全都等着她，因为没有慈禧发话，谁也不敢散去，所以大家在凉棚里休息，都默默地低着头无人言语，屋子非常寂静。

直到崔玉贵进来禀告，打破了寂静，他先是说端王爷来了，一会儿又

◆颐和园

♦ 宫中五彩盘：麻姑献寿

说庆王爷来了。慈禧听到消息满脸怒容地说："知道了！"下面的人依旧是一片沉默。而又过了一会儿，崔玉贵再次上前，这次他禀告的是肃王爷由德胜门骑马前来的消息，慈禧一听为之一振，赶紧传他们觐见。

肃王府原本位于东交民巷。义和团攻打东交民巷时，宫里传言说洋人把肃王爷家里毁得乱七八糟，连肃王祖宗的影像和朝服补褂都拿去垫炮眼了，这是何等的遭遇！肃王爷此番前来，一定能带来洋人的消息，所以慈禧才迫不及待传见。值得一提的是，在颐和园乐寿堂召见王公大臣这也是第一次。

到了这步田地，有太后、有皇上、有大臣的御前见驾也变得简洁迅速，不过是喝完热茶的工夫就完事了。当时慈禧十分自信，根据情况断言洋人并不知晓他们已经出宫，然而他们一旦知道，必定会追来，所以当务之急就是快走。端王爷、庆王爷、肃王爷他们也当然是愿意快走的。但是怎么走，慈禧还有一番规划，因为有皇上在，必须保证万无一失。所以慈禧让崔玉贵带一个人走前站，李莲英随时探听消息，慈禧带着皇上他们第二批走，端王等人则第三批走，另外在颐和园的这些官兵负责断后。可见慈禧的计划非常周全，她先是考虑到大家一起走难免人多引起注意，绝不利于安全，同时又顾虑到前面麻烦不大，只有后面的追兵是最可怕的。

沿路艰辛

随后，慈禧一行人离开了颐和园，坐着车慢腾腾地向北走。这一路上完全在青纱帐里钻着走，太阳毒辣辣的，天空有几块黑云，有时把太阳遮住，有时又露出来，没有一点儿风，地上的热气蒸上来。俗话说，"阴天的太阳晒死狗"，狗都能够被太阳晒死，当时的他们也和狗差不多了。人人的脸上都涨得红红的，背上流着汗。走了很长时间，才到了一个叫温泉的地方。

纵使慈禧向来一声令下无人敢不从，但是这回落难，她有所需要时，手下的人却要去说尽好话。比如，当时他们去央求一个大户人家，请人家行方便允许他们借用厕所都十分困难。老北京不知从什么年代兴起了一种说法，就是借给女人厕所的本家会招来晦气，所以借方必须在进门前喝一口凉水，压一压邪气，出门的时候再送一个红包，散一散晦气才行。慈禧他们定然是没有红包的，但也重重地给了二两银子。

在那个年代，女人出门是不敢多吃也不敢多喝的，更不敢吃凉的东西，如果肠胃不适，引起闹肚子，那是十分不方便的。可是这里只有凉水，他们所有人都已经渴了很久，每人用水瓢能够轮流着喝，已经算比较好的情况了。

对于普通人来说，喝个凉水再平常不过，然而对于慈禧来说，可算是天大的事了。当天是由侍女何荣把水瓢涮洗一番之后，舀了一瓢凉水递给她。她先是漱了漱口，然后仅喝了半口凉水。但是慈禧确实

知识链接

八国联军进宫时，并没有动宫中的物品，与英法联军烧抢掠夺的做法不太一样。但是颐和园却没有幸免于难，不但其中的宝物被挪走，而且英国人和意大利人还在里面住了一年，有些建筑也被破坏了，好在破坏的程度不是十分严重。

足够坚韧，从一开始逃出宫，到现在在温泉一家灰砖门楼的院里喝凉水，她竟始终都没有说过一个“苦”字。

除了这些，他们还尝到了另一种痛苦。因为从来没有穿过这种粗布衣服，本身已经十分不适，再加上太阳火热毒辣，把庄稼地里的玉米叶子都晒蔫了，风更是一丝也没有，这种衣衫已经被汗完全湿透，就像牛皮一样披在身上，导致浑身刺痒，甚至脖子底下、两腋周围都长出了一种水泡似的小圆颗粒（应该就是痱子），不挠奇痒无比，一挠就痛。

他们继续走，走到了一个小镇的时候，已经是人困马乏，车夫说不能再走了，牲口需要喂才能有力气，人也该吃点儿东西。但是哪能有吃的呢，而且人又这么多。老天帮忙，幸亏车夫有一个熟人还留守在大车店里。慈禧手下的人又是说尽了好话，请他给想办法。

但是时至今日，多给银子已经不是一个万能的解决办法了，因为现成的米面已是找不到了。最后大车店的人说地里有豇豆，煮熟之后可以用来充饥，穷苦人在秋雨连绵、青黄不接的时候常吃这些东西。于是慈禧他们包了人家一片地，把豇豆和玉米混合摘采煮熟，然后每人分一个煮玉米、半碗豇豆粒，这是慈禧太后、光绪皇帝和皇后等金贵之躯出逃后的第一次午餐。当时煮老玉米汤都成了宝贝，大家是你一碗我一碗地分抢着喝，连

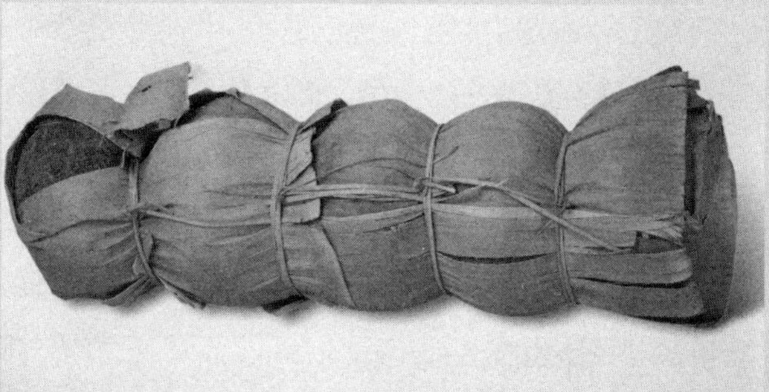

◆ 宫中御用普洱茶

♦ 清宫御用燕窝

皇帝也喝了一碗，而慈禧却什么也没吃。

然后四个侍女丫头接着干活儿，把豇豆从割断的秧上摘下来，又把老玉米的外皮剥去，扔在锅里煮上。在那个雨水多的季节，干柴是没有的，烧火就得用乌煤面子和了水之后往灶里填，宫里出来的侍女丫鬟对这些是不懂的，她们填上煤之后，不起火苗光冒黑烟，才知道旁边的木头箱子是风匣。拉风匣是个花大力气的活儿，何荣和小娟子两人轮流拉动风匣吹火，只拉了二十几下就腰酸背痛、浑身流汗了。

好不容易烧热了水，小娟子和何荣将水舀出来，奉敬给慈禧老太后，让她洗洗脸。何荣记得慈禧当时十分感叹，说："还是娟子和荣子能伺候我！"而她们一路颠簸，累得筋疲力尽，面对眼前的情况，忍不住在慈禧面前掉了眼泪。

随后，二人眼圈红红地离开了慈禧的上房。与此同时，可能八国联军已经打进宫了，宫中姐妹的惨痛遭遇是何荣她们不忍想象的，也许上吊，也许跳井，而紫禁城可能也难逃被糟蹋的命运，她们只能摸着临别时收到的礼物，哭着走回伙房。

♦ 清宫玛瑙光素杯

奴才忠心

虽然当时条件已经十分恶劣，但是慈禧还是有下人服侍她的，她身边的崔玉贵为了大家的生存也是出力又出计——他主动在又是烟气又是水汽的伙房里，一仰一合地拉风匣。平时在宫里，宫女们和崔玉贵是不交谈的，此番成了同生共死的患难之交。在这种场合下，崔玉贵十分严肃地跟何荣和小娟子说了一番话，大意是，这种情况下，目前的地方买东西实在困难，大家免不了吃苦受难，大家身为老人家的近人，无论如何要保证不让她挨饿。为避免走漏风声，对慈禧的称呼就变成了“老人家”。

让人意外的是，宫女小娟子哭着说要割肉，对此崔玉贵表示无奈。他给她们分析了眼前的情况，说还不到割肉的地步，要先想办法！他们包了人家半亩地的粮食，应该把青玉米剥出来，把豇豆角捋下来，再把青玉米秸砍下来，捆成捆带在车上，人和牲口都需要这些。崔玉贵很有先见之明，他说：“现在咱们没指望了，俗话说，须将有日思无日，莫到无时羡有时啊！现在动手，免得将来饿死在半路上。”崔玉贵的一席话点醒了何荣，于

◆ 慈禧生活用品（一）

♦ 慈禧生活用品（二）

是她们几个侍女又继续开工，把割下来的豇豆角捋下来，盛在车夫的布袋里，把剩下来的青玉米堆在料笸箩里，把青玉米秸捆成两捆带在车尾。

在那个没有王法的社会，饥民们什么都抢，还是生的老玉米，他们拿过来就直接用嘴啃着吃，白浆顺着嘴角流下来，这画面让何荣印象深刻。在大车店里还不时有散兵进来，没有东西可拿，就用碗舀足一碗凉水，边走边喝，顺手把碗摔在大路上。那样的世界着实让人心惊肉跳，何荣记得崔玉贵大声对她说："荣姑娘，不要怕，只当我们已经死了，现在活几天是赚的。要记住，事到临头须放胆，死都不怕，就没什么可怕的了。"这话崔玉贵是对何荣说的，应该也是对众人说的，"事到临头须放胆"这句话说得的确有力度，在那样的境地，慈禧这些人听了这样的话，应该多少能起到一些定心丸的作用。

要说慈禧这些贴身的宫女、太监，对她真是忠心不二，他们在大车店的厨房里，各自偷偷藏起了一个煮熟的老玉米，大家心知肚明，都是怕饿着了慈禧，可见他们是一心想着慈禧的。那时候老玉米虽然不缺，可想要弄熟却绝非易事，不光借锅和找水成问题，最重要的是煮的时间都没有，而且他们这些下人也是什么都不会干。

所以何荣和小娟子用手绢各包了个又嫩又匀的煮玉米，因为慈禧什么也没吃，所以她们打算在车上给慈禧剥粒吃。小娟子把坐车的机会让给了何荣，把这个讨好慈禧的机会也让给了她。而且，小娟子还塞给何荣一个手绢包好的玉米，让她孝敬给光绪，这不禁让人感叹宫女之间的姐妹情深。之后差不多是宫里午后睡醒加餐的时间，侍女们给皇上奉献一个熟玉米，给慈禧剥了玉米粒吃，充分尽到了做奴才的一份心。

凄惨过夜

由于太阳持续不断地烘烤，慈禧他们坐的车条件极差，奇热无比，仿佛蒸笼。喝的水都变成了汗，汗流得多了就出奇的口渴，渴到喉咙里冒烟似的。先是奴才们开始嚼老玉米秸，后来慈禧支撑不住了，也和奴才们一起嚼。路越走越高，骡子很吃力。李莲英由前面回来，站在路旁，禀告说，已经进入昌平境内了。

太阳落山的时候，慈禧一行人来到了一个大的庄子，名叫西贯市。那是一个较大的村子，放眼望去，青砖房子不少。但在这兵荒马乱的年景，谁也不愿意收留这么一群来路不明的人。再说这村里住的全是回民，风俗

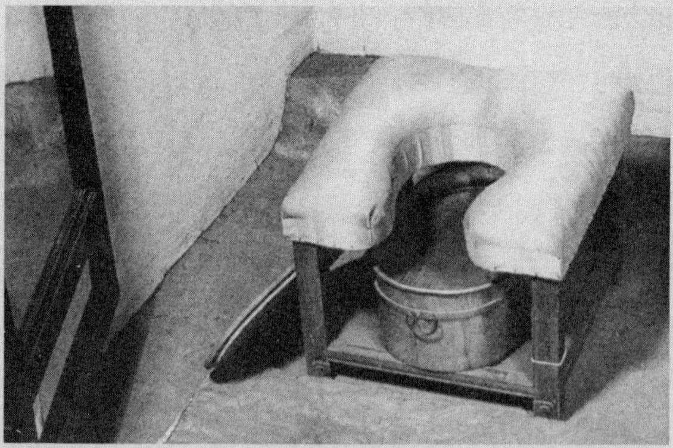

♦ 清宫便盆

习惯很特殊，他们不愿意在生活上与汉民掺杂，所以一见慈禧他们全都是汉民的打扮，自然是十分排斥。

于是李莲英等人商议出一个结果，就是去村头一个破旧的清真寺借宿。那里年久失修，已经废弃变成了场院，有几间房闲着，可以供人居住。慈禧也很乐意，已经累了一天，他们都想找一个地方歇一歇。

据宫女何荣的回忆，那个场院外面有一口井，井边放个瓦罐，瓦罐上系一条绳子，这就成了打水的工具。因为井边没有栏杆，所以每次宫女提水的时候都是战战兢兢的。而场院里面则是空荡荡的，没有院墙，有一小片光地，上面堆着一堆麦秸草，用半头席盖着，雨后显得湿漉漉的。四处是菜畦。正北是三间正房，根本没有门，而且窗户也没有糊纸。西边是一溜矮矮的房子，没有门、窗户、壁，是堆乱草和农具的地方。而三间正房还好，是有隔断的，一明两暗。中间堂屋里有一口能盛水的破缸，有一个灶台，连着东间的炕，炕是光秃秃的，但灶上有锅，还有个旧锅盖。进到东间之后，他们发现炕上扔着个破簸箕，簸箕前面的舌头全没有了。地下墙角有个三只脚的破凳子，很矮，根本是没人要的东西，屋里空空的，地下除去几块碎砖以外，什么也没有。这就是慈禧要在这儿过夜的地方，简直是世事难料，昨天还是天堂，今天就到了地狱。

慈禧当天从早晨坐上车之后，几乎都是闭口不言，也不冒火气，更不显骄气，处在这种逆境，她完全采取了一种逆来顺受的态度。但是光绪始终还是在看她的脸色，比如当时来到场院之后，光绪皇帝就扎煞着手立在当地，像木头人一样，何荣将一个口袋叠起来，放在矮凳子上请他坐下，而他却不是说坐就坐，看了慈禧一眼，慈禧说了句坐下吧，他才坐下。

天色渐晚，这帮主子的洗漱又是一大难题，这种地方要什么没什么，慈禧要漱口，没有碗；要洗手，没有盆。可怜的侍女们简直是无计可施，又不能用两手捧起水来给太后用。最后，一个挂在大蒲笼车车厢底下的饮骡子的盆解决了这一问题，侍女把这个盆刷干净之后，慈禧就用这个洗了脸、洗了手。然后，太监们又拿着这个同样给皇帝用。乱纷纷的一阵终于

♦ 清宫澡盆

过去了，这个盆一直传到半夜，众人才洗漱完毕。

而他们吃的饭，是当地人给的。李莲英和崔玉贵这两个平时在紫禁城里说一不二的人，也亲自下来干粗活儿了，李莲英提着大茶壶和几个粗蓝花水碗，崔玉贵抱着一个盆，拿几双筷子，他们俩就这么回来了。原来崔玉贵端的那个盆里是粥，但不是一般人家熬的小豆粥，当地人叫作水饭。由小米和豆子混合着煮熟，再经过多遍凉水透凉，最后用勺舀在碗里吃，这就是慈禧、光绪皇帝和皇后等人吃的晚饭。

慈禧落脚之后，一众王爷、大臣也到了，一连串的轿车进了院子。虽然落魄至极，但是礼数仍要周全，这些王爷、大臣仍旧是恭恭敬敬地朝拜慈禧，跟太后、皇帝请安完毕，退下之后，这些人只能各回各车，因为他们也没有歇脚的地方，只能在车上休息。

外面与皇宫相比简直是天壤之别，天黑之后，蚊子就从四面八方跑出来了，窗户上头，屋檐底下，成团成团的蚊子像圆球似的滚在一起，乱吵乱叫，声音十分吓人，就和打串锣一样，震耳欲聋。

何荣做久了侍女，早已练就了细腻的心思，见到这种情形，赶紧跑进屋里拿上芭蕉扇递到慈禧手里，好让她轰赶蚊子，否则蚊子可能会把人给叮死。

而最恶心的就是上厕所，他们当时碰上的根本不算厕所，堪比乱粪场，脏到难以忍受，满地蛆虫、癞蛤蟆，令人作呕。何荣和小娟子伺候慈禧上厕所的时候，得架着她，所以二人的手都不能动，只能任由苍蝇乱飞乱爬，说是掉进地狱里面了绝不为过。

为了赶紧做点儿吃的，何荣她们又重新忙碌起来，应了崔玉贵的话，只好又从中午剩的豇豆角、剩玉米那儿打算盘。先煮玉米再煮豇豆粒，这样分几锅煮，总算把玉米煮成半生不熟的，可以凑合着吃。这些粮食当然与宫中平时的山珍海味不能相比，但在那个境地已经是最好的了，而且还是首先要献给慈禧和光绪。

知识链接

慈禧为了巩固政权，可以接受洋务运动，但是政治变革她却无法接受，所以她大肆镇压戊戌变法。慈禧怕的就是，按照康有为等人的提议来做，会把自己架空。尤其是来自各方的顾问官，再加上中国的政治精英，由他们讨论后决定国家政务，慈禧手中的权力就会灰飞烟灭。特别是到后来维新派要发动武装政变时，她就把维新派给镇压下去了。但是对此外国人是大加干涉，更阻止她废除光绪的帝位，所以她就开始支持义和团打外国人，结果引致八国联军打进了北京，局势恶化得一发不可收拾。

直到半夜时分慈禧都没睡，想必也是睡不着，由侍女给剥玉米粒吃，然后用头上的簪子穿豇豆粒吃。那时候，光绪还坐在地上，跟慈禧一人喝了一碗豇豆汤。之后，侍女就开始伺候慈禧睡觉了。

为避免腿带上有虫子，何荣她俩先把慈禧的腿带解开，松一松又扎上了。然后把炕上原有的那个破簸箕扣过来，垫上一块毛巾做枕头，把慈禧的头发给拢了一拢，就让她躺下了。又把捡来的芭蕉扇，给她盖在脸上。剩下两只露在外面的手，用两块手绢给包上。把慈禧武装得浑身上下没有露肉的地方，以防蚊虫叮咬。但是，慈禧还得忍受着闷热去闭目养神。

◆西贯市清真寺

而光绪坐在车垫子上，用帽子遮住脸，两腿伸直，在墙角就这样休息了。

虽然今时不同往日，但是侍女们还是尽量做到周全，轻轻退出房门后，还在窗外捡来一顶破草帽，把慈禧迎头的窗户给堵上，免得有风。弄完这一切，他们才开始吃他们这些奴才所谓的晚餐。

这次逃难，慈禧和光绪可谓经历了很多个第一次，包括他们二人同居一室。尽管二人同处一间屋子，但肯定都难以睡着。当初，光绪皇帝大搞变法，然而帝党的人手无寸铁，被慈禧镇压下来。如果慈禧支持变法，结果一定会有所不同，他们也不一定会有这种遭遇，这种纷乱的思绪不知慈禧会如何理清。

在慈禧逃出紫禁城之后，八国联军在北京城中大肆屠杀。侵略军把西四北太平仓胡同的庄亲王府放火烧光，当场烧死1800人；德军只要碰到中国人，无论男、女、老、幼，一概格杀勿论；法国军队竟用机枪把人群逼进一条死胡同连续扫射15分钟，不留一人。日军抓捕中国人，施以各种酷刑，试验一颗子弹能穿透几个人，或者故意向身体乱射，让人身中数弹后才痛苦地死去。而慈禧太后逃跑路上所受的罪，比起受侵略军涂炭的国民，已然不值一提了。

◎ 慈禧西逃之谜（三）

慈禧的西逃之旅异常艰辛，她的贴身宫女何荣亲眼见证了慈禧乔装改扮、边逃边藏、夜晚忍受蚊虫叮咬、白天路途颠簸的苦难经历，但是这只是她们西逃之路的开始。那么，在她们到达居庸关之前，又会经历哪些难以忍受的磨难呢？让我们继续跟随宫女何荣到回忆当中去摸索真相。

走出西贯市

出了北京城，慈禧一行逃难者在路上辗转了一天，傍晚在一个陌生的回民村住了下来。据宫女何荣回忆说，当时伺候老太后和光绪皇帝睡下了之后，她自己只是合眼小睡了一会儿，天就亮了，于是她又赶紧爬起来伺候慈禧。因为如果慈禧病倒了，在路上将会是十分麻烦的。

还好当时慈禧和光绪状况都还好，这帮奴才得以放下心来。可是还有别的烦心事发生，那一天夜里不知什么人弄水，把他们用来从井底提水的瓦罐子摔碎了，何荣只好赶忙托人到街市去买一个旧的回来。

那个时候天已经大亮了，不知从何处走漏了风声，街里的大户人家得

◆ 驮轿

知太后和皇上在此，马上送来了几屉馒头。不同于一般的圆馒头，他们送来的这些是四方的、用板刀切成块的馒头，此外还有一些小咸菜，外加两桶小米粥。对于这一行食不果腹的逃难者来说，这些吃食无疑是雪中送炭。然而他们深知宫中礼仪森严，送来的时候不敢直说是贡献给老太后和皇上的，只说是给下人们吃的。

另外，他们得知慈禧这些人要走山路，还特意奉献了3乘骡驮轿。所谓骡驮轿，就是骡子在背上驮着的一种轿，这种轿子不用人抬，是由两匹骡子，一前一后，在它们中间的背上搭成的一种轿。前面的骡子等于是辕骡，主要负责掌握方向，选择道路；而后面那个叫跟骡，只管紧紧跟在辕骡后面，二骡合作不许脱节，保持稳定。这样的两匹骡子，一般都是老搭档，训练有素，若是平常没有经过训练的骡子，是完成不了这样的任务的。

因为骡驮轿是个新鲜玩意儿，所以这些宫女都仔细地观察了它一通。那种轿很高，轿车的辕子与马的肩膀是平行的，一般轱辘上的车

知识链接

1986年6月7日，《北京晚报》登载了祖籍西贯市村李佩伦先生的《骡驮轿·西贯市》一文，文章提到慈禧当年逃难的往事，称她逃出北京后落脚的第一站就是西贯市村。西贯市是以“李”为大族的回民村，它位于出西直门，经海淀温泉北上居庸关的路上，是南来北往的要冲之一，村中为官、经商、习武的人居多。光裕行是老李家所开的镖局，有东西“光裕”两个字号，慈禧仓皇逃到西贯市时，正值光裕行东家李子恒在家，他就出面把自家的骡驮轿献给了慈禧太后，并派出同村人杨剧川做向导，护驾西行。

即使在慈禧还朝之后，她也没有忘却这段恩情，特封杨剧川为引路侯，且授李子恒为新疆伊犁县令。

后来据说到达陕西以后，慈禧站稳了脚跟，还对这一带进行了吏治整顿。当时当地的许多官员有不法行为，比如抢劫百姓，见到某个地主家的金银财宝，就蛮横地成箱带走。所以慈禧针对此事处理了不少人，同时也提拔了一些官员干部。

轴也不过离地二尺高，但是骡驮轿不是这样，它是用一个架子搭在前后的马背上，架子成井字形，井字上头高高地有一个小屋，目测比轿车高出约两尺多。

所以何荣认为，坐在那么高的轿上不会太舒服。实际上乘坐这种骡驮轿比乘坐畜拉轿舒适，可免去不少颠簸之苦。而且它的速度比人力抬轿还快很多，同时它还能够轻松上坡、下坡，还能走窄路。最巧妙的是轿子下面有一个圆盘，当头骡拐弯的时候，能够随时旋转，使驮轿保持平稳。

骡驮轿在西北地方是大户人家的主要交通工具。据说当时在西贯市支援慈禧的这个大户姓李，以开镖局为生，习武出身，颇有侠气意味，在那一带很有名气。最值得佩服的是，他还派了一个姓杨的向导给慈禧他们，这个人年约四十，极其精明。

由于骡驮轿很高，在轿尾带有一个脚踏镫，下人们将脚踏镫拿下来之后，在侍女的搀扶下，慈禧蹬上脚镫，上了骡驮轿。她所在的是第一乘，光绪皇帝是第二乘，皇后则是第三乘，他们就这样离开了西贯市。

这件事算得上是慈禧逃难以来的第一件宽心事，自从离开皇宫，风餐露宿，隐瞒身份，艰苦至极，如今居然有人主动进献东西，慈禧自然十分高兴。

今非昔比

最让宫女何荣印象深刻的就是，在光绪二十六年（1900）庚子七月二十二日的早晨，一众宫女太监陪侍着慈禧太后从西贯市出发，奔上了古长城，那时的他们根本不知道要去哪里。只见前面三乘骡驮轿，高高地、晃晃悠悠地在路上走着，何荣她们身为近侍，与太后的距离不能过远，所以骡驮轿后面紧跟着就是她们的车。

山路崎岖，骡子一高一低地走着，架在骡子背上的小屋也跟随着摇晃，人坐在里面也是跟着一俯一仰地摇动，时间长了，不是慈禧这种金贵的老年之躯能够受得了的。但是这一路她始终隐忍着，一声都不言。自从离开皇宫，慈禧就很少说话，这些都被宫女何荣看在眼里，记在心里。

♦ 慈禧出行

当时在上山的路上，一步比一步高，在何荣的视角远远地可以清楚看见前面的两个人，一个是崔玉贵，另一个就是那名姓杨的向导，他们俩算是慈禧当时前导兼侦察的骑兵。然而，除却这二人，老太后和皇上的轿前都是光秃秃的，再无一名侍卫，这种境况着实令人唏嘘，可叹两位“至尊”竟然落得只有两个脚夫护驾的境地！

通过何荣的描述可以知道，以往的时候，慈禧太后去颐和园，都要排出一里路远的大队。别的不提，单是大轿前的顶马，也就是前导差役，就有 16 人，一排四骑，前后四排，源源不断地散发着威武之气。同时他们所骑的骏马都是一色的红里透黑，个个膘肥体壮，毛管亮得出油，皮毛如同缎子。马的额头上还系着统一的红缨子，脚、鞍和肩都配着锃亮的铜饰件，左右缰绳整齐地摆在马鞍桥上，四体一排，整体观望更觉威武。

最妙的就是骏马所迈的步子，作为顶马就是要为慈禧太后护路开道的，所以会距离大轿稍远，而需要马和轿夫们使用同样的速度行走，着实很有难度。同时为了显示马的雄伟英俊，它们要一律昂着头，头上的红缨子要保持在一条线上，且脚下还要跨大步。

妙就妙在这儿了，当它们的马蹄似挨不挨地的时候，就慢慢地把蹄子一蜷又缩回来约 1.5 尺，所以虽然迈了一大步，实际上所走的却只有 5 寸。

♦ 长城

这样就做到了和轿夫的步伐相等，而永远在轿的前面，丝毫也不会脱节。

当一整队的骏马齐刷刷地昂着头，同时跨出大步，又同时往回蜷腿，再迈出同样的尺寸，马的蹄子再次往回蜷缩时，那种妩媚的样子，可媲美绣女巧做针线活的姿态。能够做到如此整齐划一已经十分难得，还有更奇特的，就是在马向后蜷腿的时候，腰身随之扭动，肥硕的臀部跟着一摆，骑在马背上面的兵役，也就随着马的动作一起晃动。他们头上戴着红缨子帽，穗子一甩，蜷左腿往右摆，蜷右腿往左摆，那风景煞是好看。

再听声音也是一种享受，马蹄子落地时嗒嗒响，轿夫抬着轿走路则是嚓擦的，这“嗒嗒”和“嚓嚓”的声音交织在一起，非常和谐，在一丝其他声音都没有的情况下，在长长的柳荫绿路上，架势堪比军队操练，整齐肃穆。由西华门到达颐和园，这种声音会一直持续，场面是何其气派，显示出何等的尊严！

然而，这不过是几天前的事，却让此时的何荣感觉那么遥远。此时此刻慈禧眼前就剩下一个崔玉贵，身骑灰色的骡子，为老太后在轿前开路。走的路是乱石荒山，3 乘骡驮轿颤悠悠地走着，骡子头颅之下系着的铜铃铛，沉闷得叮咚作响，一声声催人入睡，与往日所见的威风排场全然无法相比。

胸怀淡定

路越走越远，也越走越陡，东西两边的群山挤压过来，活像凶猛的野兽，仿佛在不同的两侧追逐着一个共同的猎物，最终头顶冲撞在一起，这个冲撞的地方就是慈禧他们入山的山口，名为南口。

夏天的上午，时间显得特别长，逃难的人们早已忘记了时辰。当时在他们头顶是阴沉沉的天空，没有一丝风，浓云低压，让人几近窒息得喘不过气来。入了南口之后，更如同钻进了葫芦嘴里，使人憋闷得张着嘴出气，就好像干沟里的鱼一样，向着天，嘴一吸一呼地喘着。就连土地也散发出潮湿的热气，简直就是蒸笼，把这些宫中出来的金贵之躯蒸烤得是又渴又烦躁，可见逃难的路实在是充满了折磨。

慈禧的另一个贴身侍女小娟子是一个急脾气的姑娘，在这种天气下几乎就要发昏了，所有一切都让她格外的急躁，然而越是这样，她身上的痱子就起得越多，憋得她满脸通红，头上不停地流着汗水。

不光是她，大家这两天都没有脱过衣服，经过汗水一湿，粗糙的布料就像膏药似的贴在了身上。何荣轻轻掀开小娟子的衣服一看，痱子已经由颗粒变成了饼状，肉皮是红肿一片，而且在痱子的尖儿上，还隐隐地长出了白泡来，大概已经化脓了。

宫女在宫里多年早已养成干净勤洗的习惯，用脂粉保养出来的细皮嫩肉，在这艰苦的环境下可算是受罪了。火毒的太阳一晒，外加蒸汽一蒸，汗液浸泡的如同牛皮的衣服贴在身上，丝毫不透风，哪有不起痱子的道理？在外逃亡，宫女间只有互相照应，何荣就用手掀起小娟子的衣襟，来回扇动，帮她透透风，减轻一点儿她的痛苦。

不过这时候这些侍女的心里还惦记着慈禧，小娟子当时含泪对何荣说，早晨为老太后洗脸的时候，发现她老人家发髻下面、脖子周围，也有一片片的小红粒。但是慈禧太后确实有“领导风范”，她的侍女关切地询问她是否难受的时候，她只是淡淡地用眼睛看着别处，丝毫没有理会。可见在

♦ 慈禧松下弈棋图

什么环境下，她就能够拿出什么样的反应来。

之后走了一会儿，慈禧突然下命停步，宫女们赶紧跑到老太后的轿子前待命。当时因为轿子太高，她们只能仰着脸跟慈禧说话——要知道这在宫中是绝不允许的。

原来是慈禧要解手，这又是给奴才们出的一道难题，平日在宫里太后解手都是一个精致活儿，但在荒郊野外，前后没有村庄，如何伺候慈禧?没想到慈禧果断地说，无须打扰村民，就在野地里庄稼浓密的地方，众人围起一个圈就行了——也就是说慈禧决定就地解决了。当时这无疑是一个正确的决定，比起在温泉时苦口求人可是强多了，更比西贯市那个乱粪场子胜过百倍，起码不会让人作呕。于是一众下人赶紧围成人墙，太后、皇后、小主、格格们就这样轮流着上了厕所。最可怜的是，因为没有便纸，所以只好用野麻的叶子权且代替了。然而，这般的吃苦受累慈禧身为太后都能忍受，她的气度可见一斑。

后世对慈禧的评价当中，经常是把她异化，多数人都认为她是一个一无是处的卖国贼。长期以来对慈禧的这种脸谱式宣传非常之多，然而我们客观地来看，其实她不是一个简单的人物。

从整个逃难的过程中，可以确定慈禧这个人是拥有淡定气质的。她这种气场的养成和她是满族人应该也有关系。在封建社会，汉族的女人主要是尽一种相夫教子、服侍公婆的义务，而满族的女人和汉族的女人有所不同，她们全都是天足，与生俱来就带有一种豪放的气质。

那么，慈禧能够处事淡定的真正原因是什么呢?这应该从咸丰帝为何重用慈禧这件事情上来找突破点。首先，咸丰帝作为一代帝王并没有什么太大的抱负和高明的治国方略。其次，他身边女眷成群，却没有几个人能够猜透他的心思，更别妄谈具有辅助他工作的能力了！唯独慈禧一人，能够取得咸丰的欢心。

慈禧的父亲是国家的官员，她从小就受父亲整顿吏治、治国经世的影响，同时还熟读诗书，精通四书五经。在传统文化的熏陶下，她受到了良

♦ 慈禧款《桃竹图》轴局部

好的教育，所以凭借着这些才情，造就了她处事坦然的品质，也让她得以和咸丰帝共处得比较愉快。

路遇大雨

继续再走，此时的情况与从宫里出来时的情况就完全不同了，跟在慈禧他们之后的车辆越来越多，不止是几辆，而是十几辆、二十几辆的轿车，一长列排开，气势很是壮观。长城古道本该是很平常的地方，眼前却摆着几十辆的轿车，自然是很引人注目的。

表面看起来是护驾的人多起来了，但是很难说他们究竟是“护驾”还是“驾护”——到底是保护慈禧太后来了，还是寻求慈禧的保护，这个只有他们自己心里明白了。

这些人的算盘打得很精，洋人进了城，他们才赶紧跑出来，一来可以免掉砍脑袋，二来能得一个“护驾”的好名声，就是死在路上，也不会白死，还会落下一个忠诚的美名。而扔到家里的老婆孩子，就跟他们一点儿关系也没有了，在他们眼中妻子如衣服，脱掉了旧的就可以换上新的，丢了红的，还有绿的穿，只要保住自己的小命，以后什么都会有。所以他们紧随慈禧太后，说白了就是怕死，在用保护太后做样子罢了。

在慈禧逃难的路上，可谓受尽了风吹雨打。在何荣的回忆中，当时下了一场大雨，身边雷声乱响，不是霹雷或是闷雷，声音来自不同的方向，在东西南北各处乱响，闪电也是四处乱晃，像蛇一样来回窜动。山也跟着响，谷也跟着响，真是千山颤动，万谷齐鸣，实在是惊心动魄。简直有一种生死由天的念头，眼前几尺远，什么东西也分不清。但在那个时候，慈禧老太后还是在默默沉思着，雨点打在轿子周围，溅到身上，她就好像没有一点儿感觉似的。

知识链接

虽然是在逃难的路上，但是慈禧身边的这些侍女、太监仍然不忘悉心照顾她。当时那场使人惊心动魄的雷雨过去之后，宫女何荣不由得想起随身带着的东西——一个火帘包、一包烟和一卷纸，因为慈禧素爱抽烟，所以何荣就留心带了这些东西。幸好在她爬上慈禧的骡驮轿的时候，她把两只鞋子一脱，将烟、纸和火帘包塞进一只鞋的鞋槽子里面，然后将两只鞋槽子面对面地一插，底朝外，顺手就把它们塞在了褥垫子底下藏好了。虽然何荣已被大雨淋成了落汤鸡，但是这些东西却没有湿，这是从宫里带出来的、唯一剩下的可以孝敬慈禧老太后的东西。也是因为有了这些东西，让慈禧不至于抽烟的时候也用麻叶子。

入住军营

下了雨之后，虽然山道两旁坡陡高深，雨水很快就流下去了，但是道路变得特别泥泞。当时慈禧他们快要走到当地驻军的兵营了，于是身披一身黄油布的崔玉贵先来跟慈禧禀报了一番，称再走一段就有当地驻军守护，他们已经腾出房间，准备接驾。慈禧听了当时只说了句“知道了”，崔玉贵便又匆匆地往前走去。

随后大约又走了半个时辰，就到达了驻军的兵营。他们腾出了三间房和一个院落，依旧是安排老太后和皇上住在东屋，西屋住女眷。慈禧的东屋有一个套间，用以让她在里面洗漱休息，光绪皇帝则由两名太监伺候。

这时候慈禧的亲信太监李莲英匆匆地进来了，跟慈禧禀告这些驻军军官的情况，说他们不知太后和皇上驾到，仓促地临时准备了一点儿粗茶淡饭，罪该万死。但其实慈禧并非十分残暴，在这样的条件下她倒是很能随遇而安，说了“有什么吃什么”这样的话。

此外，慈禧看到李莲英面目红肿，形色憔悴，看出他是生病了，更是十分体恤他，命他不拘常节，回去休息。这么一来，使得李莲英不仅连连叩头，还在宫女们面前第一次掉了眼泪。算起来，他当时也是六十开外的人了，自从义和团失败以后，李大总管这位“佛见喜”，就显得很是发蔫，

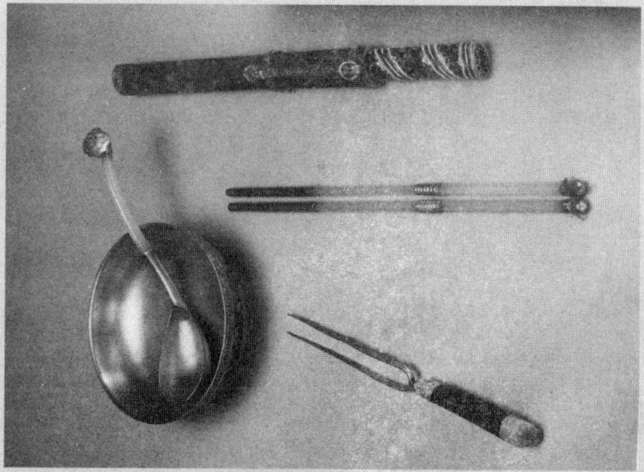

◆ 宫中餐具：青玉柄金羹匙、青玉镶金箸、金镶木柄果叉、金胎珐琅柄鞘刀、铜镀金胎掐丝珐琅万寿无疆盘

本来就已忧心忡忡，再加上此番风餐露宿，病自然就找上了门。他退下之后，出来还得给皇帝请安。当时光绪对他和善地点了点头，可见光绪大概对他没有什么记恨，当然宫中的事也不是表面上这么容易就能看出来的。

在军营住下之后，宫女们依旧照常伺候慈禧。洗脸的时候，慈禧很有自己的一套经验，她命人不要用凉水沾痱子，说痱子一沾凉水容易成为痱毒，那是一种非常难以治愈的疮。所以现在只能先忍着，等环境好了，再用凉凉的沸水洗几次就能下去。慈禧说这是太监张福对她说过的，在那种时候提起留在宫中的张福，慈禧思念宫里的心情可想而知。

抵达居庸关

吃过午饭，慈禧一行人又匆匆忙忙地出发了。之后他们终于来到一座高高的岭前，让这些久居宫中的人第一次感受到了塞北之风的强劲。后来他们才知道，这是中国最有名的关口，叫作居庸关。

◆ 宫中粉彩红龙彩凤盖碗

◆ 宫中麝香

由南口进来，像走蛹路一样，两边山夹在一起，道路非常闭塞，迎面是高山阻路，只有一个城门，两边营垒排列，直让人心惊肉跳。

果然，这一回王公大臣多了起来。到了晚饭后，来向慈禧请安的人就已经是黑压压的一片，按品级划分着站了一院子。平时这些宫女和他们根本是见不到面的，现在倒是能隔窗相望了。面对他们的跪拜，慈禧依旧淡然对待。

慈禧这一次出逃太过仓促，乔装打扮成村妇，坐着寒酸的轿车上路，而且事先没有向下级发出通知，打前站的更是没有，所以她一直到了怀来，才吃上第一顿像样的饭。因为没有得到任何消息，而当时又正值战争期间，有些县官不敢轻易开城，虽然慈禧是货真价实的太后，但是别人并不知道真假，所以这一路慈禧也是尝尽了人情冷暖。

宫女对这一段往事的回忆，最令人印象深刻的就是，那些大臣明明是怕死出逃，还美其名曰“护驾”，由此可以联想到，位高权重的慈禧太后在那时应该也真正地体会到了什么是虚伪，什么是真诚。

当年慈禧执政，在面前竖起一道帘子，而在她和下属之间，又何尝不是也隔着一层面具?

◎ 慈禧西逃之谜(四)

慈禧带着众人一路西逃，经历了沿途的风雨煎熬，终于在一个村落里凑合着住了下来。在那个年代，从北京奔赴西安可不是一件容易的事情，更何况正值兵荒马乱时期。那么在后续的旅途中，还会遇到哪些意想不到的坎坷呢?我们继续追溯宫女的回忆。

借宿延庆州

慈禧在到达怀来之前，还曾在延庆州落脚。当他们一行人刚刚住下来之后，除却最早跟随太后出逃的端王、庆王等王公大臣，又有一批护驾大臣追了过来——其实他们也是在洋人进城之时逃出来的，不会带出什么新的消息。不过出逃队伍迅速壮大，几十辆轿车在大道上招摇，目标就变得

♦ 清同治年后妃用杏黄绸氅衣

♦ 晚清官员和亲兵

十分明显，更引起了沿途军民们的惊慌，大家都知道皇上、太后、大臣们全跑了，各处的商店和住户更是紧闭门户。

延庆州是义和团扎堆的地方，四门紧闭，由义和团的人守城，州衙门已经好久都不能办公了。慈禧一行人到达这里，一无信，二无凭证，空口说太后和皇上驾到，就仿佛成了笑话，任谁也不会相信。

好在延庆州跟宫里过从较密，宫中用的炭就是由延庆州进贡的，一年有几十万斤。由崔玉贵提到了相关的收炭太监，恰好当时的两位师爷之一与那个太监曾经打过交道，所以他们这才放下心来相信，连夜就找到了衙役，把轿子整理好，传唤了轿夫，由州官带着官印，师爷作陪，跟随着来到了岔道城。证明身份之后，崔玉贵再让他们提供补给，他们必然不会不办。而且这对于他们来说，明摆着是“天官赐福”的事。大家心知肚明，这就是“捧花献佛”，以往做过不少孝敬宫里的事，自然也就不是一点儿弯都转不过来的榆木脑袋。可是时不与我，他们也很聪明，并没有跟崔玉贵打官腔，直接用粗糙的大实话跟他说，他们现在说话不算数，手里什么东西也没有。至于州官大老爷，则没有露面，应该就是没有朝圣。

在这里，慈禧落脚的院子四角皆是破破烂烂的，仔细打量之后丝毫感

♦ 清同治年明黄绸绣彩云金龙女朝袍

觉不到女眷住过的气息。她们所住的房子也是极其简陋的，只有一铺炕，炕上一张旧席子，除此之外任何陈设都没有。最主要的是那里只有男厕，没有女厕。而半夜时分会有人进到院子里，给缸里挑满水，再给灶里加一些劈柴，但是白天却根本见不到一个人。就这样，慈禧一行人等又在这里住了一夜。早晨吃的是黑馒头和冬瓜汤，这也是有人送来的，但他们不知道是谁送来的。这样的情况已经算好的，至少能有东西吃，不至于挨饿。

七月二十三日卯时正分，慈禧一行的车驾再次准备出发。虽然出关之后天空仍旧阴沉，但天气已不似关里那般闷热，然后上自慈禧太后、光绪皇帝、皇后、小主及三位格格，下到宫女、太监，全都身着单衣单裤，由于被雨淋湿，夜里冷得直打哆嗦。所以在出发前，何荣和小娟子从跨院来到伙房，为慈禧太后烤干衣服——最重要的是烤袜子。同时，她们这种辛酸的宫女，也能趁机取取暖。出逃以来短短两天，她们就已经变得蓬头垢面，再无形象可言。就连贵为天子的光绪，在这方面也不容乐观。他从宫里出来之后就一直穿着一件破旧的青布长衫，裤子是护军的绿色裤子，一

◆清同治年石青绸绣彩云金龙朝褂

件替换的衣服也没有。虽然当时随行了不少王公大臣，却没有一个人挺身而出把自己的衣服拿出来给皇上换一换，果然，在困苦的时刻更能看明白忠诚的真伪。

宫女何荣回忆说，一天半夜的时候，崔玉贵用大车拉了一乘轿子回来，并带了几个轿夫。那是一顶四人抬，打眼一看，轿围子似乎用的是蓝呢子布料，然而仔细一看就会发现，不是呢子，而是蓝卡拉。这是一种出自西北的织物，又厚又硬，只有两种颜色，一种是大红，一种是藏蓝，经常被用来做皮褥的面子。

在宫里春天和秋天的时候，宫女们也用卡拉做鞋帮子，因为它的材质比较挺拔。可夏天的时候用它做成轿围子就太不合适了，因为它厚而不透风，人坐在这种轿子里面会十分憋闷，然而在出逃的路上只能将就，谈不上讲究了。更加令人担忧的是，那是需要4个人来抬的肩舆，笨重非常。如果在当时那种酷暑的天气长途奔波，将是什么人都支撑不住的。

慈禧太后从这起驾的时候，就上了这顶轿子。当时轿子被抬到了院子中央，大臣们由各个角落钻了出来，恭送老太后起程，然后他们依然是冷冷清清，没有一点排场地出了东门。由慈禧所在小轿打头，光绪的骡驮轿排第二个，皇后的骡驮轿排第三个。

知识链接

据说慈禧刚出紫禁城的时候，并不是轻车简从，而是阵势浩大。据慈禧的内侄曾孙那根正所说，慈禧当时化装成普通百姓，带着宫中的一些重要人物，仓促地解决和安置了一些必要的事情，就坐着马车出行了。

但是出行虽说仓促，在心情沮丧的时候，慈禧也不忘为光绪帝带上了龙椅、龙床、龙旗以及龙袍，而且有两万多军队护卫前行。

大队仓皇而走，在后半夜从故宫出了德胜门，向西直奔颐和园，在颐和园稍作歇息，就出了园子的北如意门，一直奔北，过了青龙桥，随后顺着西山山脉，这一行人向北行去。

当时最好的交通工具应该就是马车了，而为慈禧太后赶马车的就是叶赫那拉·根正的祖父，也就是慈禧弟弟的儿子。当时他是二十出头的年纪，得知西行的消息，原本有意随行，但是由于其长子正好在1900年出生，念在幼儿新生，且慈禧也不愿意带太多的人，所以没有让他们一同前往。于是叶赫那拉·根正的祖父就带着家人到青龙桥跪送，也就是为慈禧他们送行。

出了青龙桥之后，宫里的马车行走困难，木头轮胎咯吱作响，如同老牛般提不起速度。所以大臣们就劝谏老佛爷，在这种兵临城下、火烧眉毛的时刻，这么多的东西就不要带了。慈禧太后也正为马车无法前进而犯愁，思来想去觉得确实应该轻装简行，这时候看见跪在地上的自己的侄子（叶赫那拉·根正的祖父），于是就顺水推舟，算他跪迎有功，把那个紫檀龙床赏给了他，也等于给自己减轻了负担。

因为是特殊时期，发生这样特殊的事情，致使皇帝的龙床出现在了叶赫那拉·根正祖父的家中。直到后来，这张龙床的存在还引来不少质疑。

因为李莲英抱病在身，还特赐让他坐骡驮轿，排在第四位，然后侍女的车紧跟在骡驮轿后面，其余的顺序是大阿哥、小主、格格们。就这样，一溜长龙似的出发了。

惊魂遭遇

出了东门之后，慈禧一行沿着城墙走，绕道走到了大路。这时路上的败兵游勇就多起来了，三五成群地接连不断。这些人碰到慈禧这一队人马时，都不愿意让路，甚至和他们的车队抢路，掺在一起走，给慈禧他们带来了很多不便，但对此谁也没有办法。

在这条路上走了大约一个时辰，他们就快到怀来的边界了。这怀来是一个极其关键的地方，它现在是河北省张家口市下辖的一个县城，而在当时，就是从这里开始，慈禧西逃的苦难命运，开始有了转折。

宫女何荣回忆说，在他们快到北京和河北交界处的时候，天忽然下起了大雨，比前一天的还大，还刮着风，雨水铺天盖地地洒下来，闪电一亮，雷声就清脆震耳地接踵而来，惊得驮轿的骡子都把耳朵立了起来。若是把车帘子掀开，就等于是往身上泼水，所以何荣和小娟子就把车帘握紧，能略微挡住瓢泼的雨水。然而更可怕的是，他们的车都走不动了，有几个残兵没处躲雨，就钻到了车底下。这可把这些宫女吓坏了，倘若这几个人起了歹心，趁着大雨的时候作恶，那就喊什么都没用了。她们只好死死按住帘子，大气也不敢喘一下。并且用耳朵仔细地去听车厢底下的声音，心都跳到了嗓子眼儿，吓得浑身哆嗦。

当时何荣体验到了九死一生的滋味，想尽了各种办法，然而想得最多的就是慈禧太后平时身处万人之上，然而此时此刻却连两个贴身的丫头也庇护不了了，何其悲凉！时过境迁时再回想起

知识链接

自从过了西贯市，虽然沿途的水井并不少，但是水井里的水却任谁渴死也不敢喝，因为雨量太大，井水往上涨，一伸胳膊就能触到水面，水面上漂浮着黄汤绿沫，恶心到极致。更重要的是，井里大多会有死人，不是人头，就是浮着的尸体，所以不光是人，甚至骡子，都不敢喝那里的水。所以，慈禧一行人沿路的艰苦自然就可想而知。

◆ 尚在装备弓箭的晚清军队

来，那应该算是他们逃亡路上最悲惨的时候，但是何荣不说出来，又有谁能够知道呢？

后来，雨由大变小，天空虽然没有放晴，但雨势总算弱了下来，轿车拖泥带水地向前走，何荣她们只希望车能快点儿走，虽然不知又要去往何方，但无论如何总比残兵蹲在车厢底下强多了。

但是，一波未平一波又起，他们在沿途隐约看见马路旁有两间屋子，窗户都开着，像一个黑窟窿。那屋门口有一眼井，井台下有一个人草帽正在随风掀动着。车夫打算捡起这个草帽，可是一掀，赶紧放手往回跑，原来下面是一具死尸，上面苍蝇乱爬，应该是被人杀死后，埋在了井的旁边，只露出一个头，而且满脸是血，那个草帽是系在脖子上的。倒霉的车夫往回跑的时候，还摔得满身是泥，这更加剧了大家的恐惧。在那种环境下，人命可以说是说完就完，作为小小的宫女，她们也只能听候命运的安排。

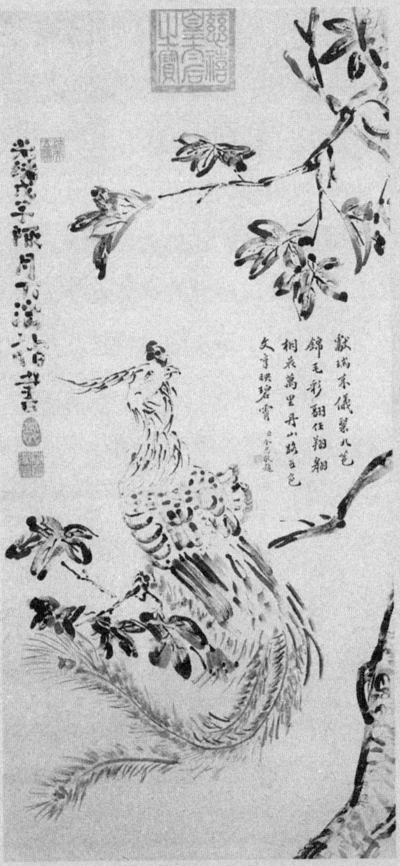

♦ 慈禧指画《凤凰图》轴

苦难转折点

七月二十三日巳正，是很重要的一个时刻，慈禧带领众人到达了一个大镇子上，那就是榆林堡。如果他们前两天过的日子堪比在阴间，那么到了这里就等于是还阳了。何出此言呢?

首先，在外已碰过不少钉子，此番有当地县官前来接驾，同时还有北边来的军队护驾，相比之下，所受待遇就提高了一个档次。并且一到这里，县官就身着官服穿戴整齐地迎面跪着接驾，这自然让慈禧老太后眉开眼笑。可以想象，她一贯在宫中养尊处优，耳边常听人喊万寿无疆，但是自打出了宫门，就变得无人识无人理，心中的落差必定是巨大的，现在又重新享受了跪拜之礼，心中自然而然舒畅开怀，就连底下的宫女太监三天来的紧张气氛也随之消失了。

在县官引领下，慈禧太后到了最西边的一家大客栈。这回的住房条件是：北房三大间，一明两暗，有着高高的台阶，屋子中间还有茶几、椅子、铺垫，堂屋东西两壁是屋头格栅，门口是柱帘子，墙上挂着字画。显而易

◆ 宫中翠镂雕双蝠双喜佩

见，这是一间没有遭劫的屋子。

慈禧太后洗漱完毕之后，召见了这个县官。县官由李莲英引进来之后，慈禧当即对他夸赞一番。在这种兵荒马乱的年月，这个地方官出得县城 30 多里路，冒着大雨到两县的边界上亲自恭迎圣驾，乱世识忠臣，这种赤诚心实在是难得。俗话说，“不怕不识货，就怕货比货”，前一天在昌平县，慈禧他们还被人放枪赶走，第二天到了怀来，县官居然到境外来亲自迎驾，这种天差地别的变化慈禧怎能不感动？

然后就是解决饮食的问题，不一会儿就从厨房送来了绿豆粥，每人可分得一个盅碗，先送来的两碗里，还有一些细丝咸菜，其余的则连咸菜也没有，除此之外，也再没有别的食品。可怜的是午饭根本没有筷子，慈禧就命人拿来了植物的秸秆——其实这在前两天已经是司空见惯的事了。

吃完粥后，慈禧照例要出去走一走，环境变好之后，她就想起了水烟，便跟身边的何荣提了出来。然而火没有丢，但烟袋却没有了。所以李莲英就赶紧去找，恰巧那个县官就在客栈门口，于是烟袋很快就送来了，借着这个机会，慈禧又向他要了衣物。虽然内监、侍女都在旁边，但是她并不避讳，直言说出来得太仓促，大家都没有替换的衣服了，问县官能不能给找一些。

据何荣描述，那个县官大概是个南方人，说话带着口音，年龄在 35 岁左右，长相清瘦，为人稳重。他当时跪着回禀慈禧：微臣的妻子已经亡故，衣服多寄存在京城里，只有微臣的姐姐和姐夫，随臣游宦到这里，臣母尚有几身遗物，还在臣的身边，皇太后若不嫌粗糙，臣竭力供奉。

由此可见，这位县官是很识大体的，说的话娓娓动听。但是慈禧的要求还没完，让他平身之后，又低声对他说，若能找几个鸡蛋来更好，县官便竭力地去找。

那时候各家住户都已经跑光了，县官就挨家挨户地去翻，最后在一家的抽屉里找出了 5 个鸡蛋，煮好后用粗盘托着这些鸡蛋，还备了一小撮盐，进献给了太后。同时还给慈禧准备了舒适的轿子和抬轿多年、当差熟练的

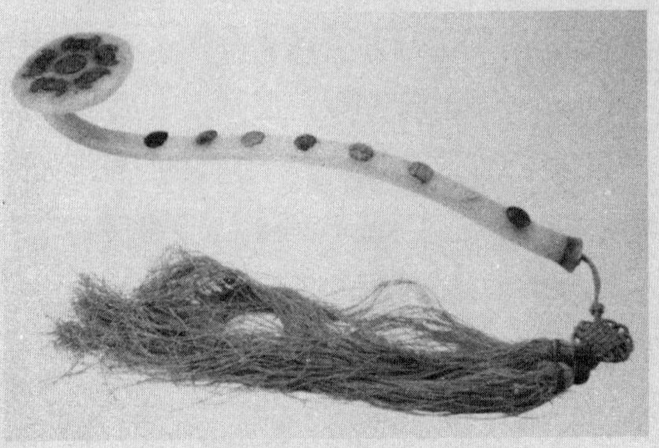
◆ 宫中白玉嵌宝石五福如意

轿夫。

在县官禀报期间，宫女们已经洗过手给慈禧剥好了鸡蛋，慈禧让他下去休息，然后一口气吃了三个鸡蛋，大概是惊恐的状态已经平复下来了，加上两天来都没有好好吃饭，所以胃口大开。剩下的两个鸡蛋，她命李莲英去献给皇上，别人当然是没有份的了。

慈禧吃完鸡蛋，又抽了几口水烟，重新洗脸擦背，总算是赶走了这两天来的疲劳。

情况好转

至于随行的王公大臣们，从怀来县官接驾起，他们也是喜不自胜。首先是快马加鞭地来查看了慈禧住的地方，再查看各个王公大臣的住处如何，搞得乌烟瘴气的，与夜宿西贯市时的鸦雀无声截然不同。

而怀来县的这位县太爷也很会办事，慈禧从榆林堡起驾，在去往怀来县城30多里的路上，探马就有两三次之多。到了怀来县城之后，城里街上满是鹅卵石，非常难走，坐在轿子里人骨头都仿佛要被摇松了。但是路上的景象还是很可观的，偶尔就有两三家门外贴出红纸来，表示迎驾。老北京有一句俗话“应景挂灯笼”，当时冷冷清清早已过了正月十五，所以这番应景的做法，一看就明白，肯定是那个县太爷的主意。

之后，慈禧太后和光绪的轿子被抬到了官衙门内的内宅门口，县官已经把这儿腾出来，作为慈禧临时居住的行宫，显得异常尊敬，也显得格外的亲切，又容易保护。他手下也有一帮得力助手，虽然说“官不修衙，客不修店”，但是他们把门庭院落收拾得干干净净，里面有正房三大间。

慈禧所住的那间，应该就是那县官的卧室，陈设不多但格外的雅致干净，尤其西面一铺床，湖色软缎子夹被，新枕席配上螺纹帐子，垂着山水画卷的两个青绦子帐袋，一点儿都不俗气。中堂的背面，一张八仙桌子，两把太师椅，鲜红的椅垫显得很匀称。比起西贯市，土炕没炕沿，光秃秃只有一把破簸箕，这真是一个地上，一个天上，也难怪慈禧会特别满意。在正房东边还有两间矮房作为耳房，与正房隔栅相通，便于下人们伺候，何荣她们自然是就住在这里。

光绪皇帝则住在外院的签押房，那是县官办公会客的地方。而跨院西花厅三间，就分给了皇后、小主及格格们，大阿哥等人就只有和皇上望衡对宇而住了。

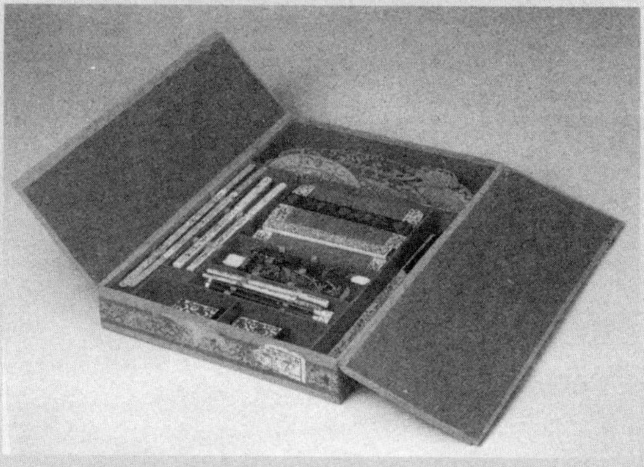

♦ 清宫织锦多格梳妆盒

♦ 光绪读书像

来到怀来县，慈禧这些人才算真正地吃上了一顿饭。那天的晚餐很丰盛，主要有猪肉、鸡肉等，这是他们离开皇宫之后第一次开荤，所以吃得特别香。然而这些肉和鸡，都是县官靠地方乡绅弄来的。在这豆大的山城，这也着实为难了他，一时间，王公大臣、太监宫女几乎要挤破这个小小的县城。

刚用完晚膳，李莲英又带着县官进来了，并由小太监捧着四个包袱，李莲英代奏说，县官某人知道老太后、皇上出宫时没带衣服，就先将先人的遗物，及自身的衣饰奉献出来，粗恶不堪，望太后赦臣死罪。

慈禧点了点头，先让他下去了，然后便打开包一看，蓝薄呢子整大襟袄一件，深灰色螺纹裤子一条，软绸汗衫一件，半节白绸中衣一件，这些就是给慈禧的。再打开另一包，是江绸大袖马褂一件、蓝绉长袍一件，另备随身内衣一套，这分明是给皇上的。

另外一包是皇后、小主和格格们的，因为都是旗人，打点的都是男人的长袍丝裤。最令人满意的，是那最后一包，都是全新的袜子，以细白饰

◆ 军机处军机值房

布做成，有十多双。两天多来，慈禧等人两次遇到下雨，别处还能忍受，但是脚在湿袜子里子熬着，想必是十分难受的。这回有了这些袜子，又解决了一大问题。还有一件极其可喜的事，就是包里另外有一双矮腰细绒软胎的毡靴子。高寒山区又潮又湿，所以他这是预备老太后洗浴完换的。慈禧当时就赞叹地说，这个人有分寸、很细心！

此外，小太监又抱来两个化妆盒子，胭脂水粉是一应俱全。对于向来爱美的慈禧来说，三天没照镜子，大概已是极限。这回有了条件，宫女们赶紧给她打水、洗头、洗脸、擦身子，李莲英也来给慈禧细心地梳头，将出逃时所梳的盘羊式改回了两把头，慈禧就此又恢复了旗装。皇后、小主、格格们也每人拣了一件男人的长衫穿，还原成了本来的面目。

就在这时候，京城中的军机大臣王文韶也来了，并且还带来了有关军机的一些信印，这无疑又是一个可喜的消息。这就等于慈禧在路途上可以发号施令、调动一切了，这是一件极其重要的大事。

于是慈禧便传谕接见军机大臣们，第二天早晨便开始了临时早朝。这

♦ 王文韶

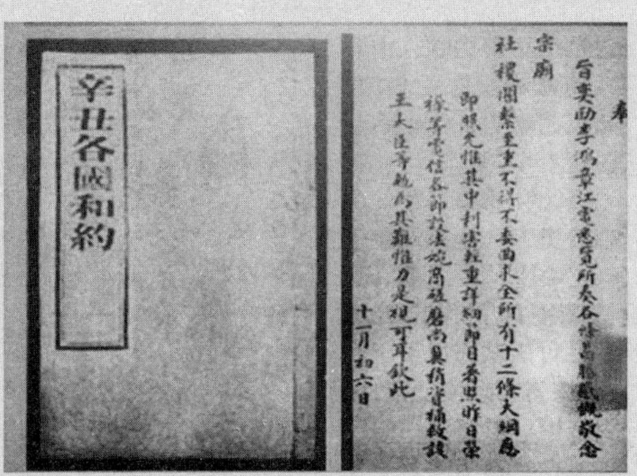

♦ 辛丑条约

是离宫后，第一次再复威仪的行动。当天吃完早饭，慈禧正襟危坐在堂东屋里面的太师椅上，梳着两把头，很是端庄。光绪皇帝则穿上了青色马褂，浅蓝的绸茶衫，脚上是雪白的袜子，也很郑重、体面地坐在西面。

这次临时上朝，几乎囊括了满汉的全部军机大臣。下朝之后，王文韶便连夜回京了，庆王随老太后又向前走了两站，后来也回京了，其实这就是预备议和的开始。

庚子年（1900）七月二十五日的早晨，慈禧一行出怀来的西关，经宣化过怀安县，在八月初到达了山西境内，从此便有了充足的食物供应，走路有军队保护，大家又过上了饭来张口、衣来伸手，优游自在的生活。

但风餐露宿，道路颠簸，走在这早穿棉、午穿纱的地带，又正值乍阴乍晴的季节，比起宫里的生活来自然还是相差万里。那么以慈禧太后为首的朝廷人马，是怎么到的西安，又怎么回的北京城呢?

到了太原以后，他们继续往前走，一直到西安才住下。直到后来1901 年成功签订了辛丑条约，慈禧太后才带领众人从西安返京。其间在正定坐火车到达了马家堡——因为当时北京的火车站只到马家堡，然后在

1902年才回到了北京城，距离1900年出逃，足足用时两年。

慈禧太后在遭遇困境时十分淡定，似乎她能够预料到未来可以苦尽甘来，而在西行途中，境遇稍有好转，她又马上恢复了老佛爷的仪态和高高在上的气势，这不禁让人感叹，这个女人不同寻常！由此可以联想到慈禧太后能主政中国半个世纪，也就不足为怪了。

第三章
太后逸事

慈禧太后生活极度奢华，她的饮食起居中隐藏着哪些鲜为人知的秘密？

在处理繁忙政务的同时，慈禧太后如何兼顾自己的兴趣爱好，享受另类小资生活？

慈禧太后为何痴迷于西方传来的“洋玩意儿”？

》》》

♦ 清宫女子花盆底鞋

◎ 慈禧养生之谜

据说，孙殿英的部下撬开慈禧的棺椁时，看到躺在里面的老佛爷面色如生，让人不禁赞叹老佛爷的容颜保养得如此之好。慈禧生活极度奢华，想必她的饮食起居也会有些不为人知的秘密。而且暴躁脾气的她其实也会调节自己的情绪。就让我们从慈禧非同凡人的养生秘籍中来看看她诸多生活细节吧。

生活精致

众所周知，慈禧太后特别注意自己的养生之道，即使在如厕这方面她也很有讲究。慈禧的尸体之所以没有腐烂，打开棺盖时还能像活着一样，与她生前肠胃不和有很大关系。肠胃不和就要经常解手，使得她最后肚子

◆ 慈禧御用品：大雅斋瓷器

里空空如也，所以尸体也就不容易腐烂。

古代宫中没有固定的厕所，慈禧如果要上厕所了就下令“传官房”——官房就是寻常百姓家的便盆。因为慈禧肠胃不好，就准备了两个官房，方便她随时使用。而慈禧的官房也是十分名贵的，由金丝楠木雕刻成一个大壁虎的形状，有两个大宝石镶嵌着当作眼睛，微张的嘴巴为放手纸的位置，尾巴做成阿拉伯数字 8 的形状，供慈禧当把手。每次慈禧解完手之后，这个官房就会用黄布给包裹起来，然后还不能随随便便抱着就走，得由太监跪着顶到头上，再顶着出去，之后找个地方倒掉。在慈禧解手的时候，前前后后都有好多宫女、太监伺候着，不光有处理官房的，还得有更衣的宫女什么的，慈禧当然不会自己来脱衣服。通过这个复杂的如厕过程，就可以看出慈禧相当难伺候。

当孙殿英的部下打开慈禧棺材的时候，发现她不仅面貌如生，而且头

♦ 慈禧

顶翡翠荷叶，脚踩莲花，脚上还穿了一个元宝底的鞋，鞋跟非常之高，测量鞋底的长度之后可知大概是现在38码的鞋。

慈禧生前非常喜欢穿那种花盆鞋，也就是清朝的“高跟鞋”，它与咱们现在的高跟鞋有所不同，不是斜坡状而是平的，鞋跟在中间而非后脚跟处。这种鞋对脚应该会有一种保健作用，首先穿上它脚不会变形，其次穿着它走路得保持浑身上下协调，才能走出那股劲，不然走路会不稳。这种鞋的鞋底是木胎外面包着各种各样的布，然后布上面再钉上各种宝石。因为没有裹脚习俗，所以满洲的女子都是天足，才能穿得了这种鞋——如果是汉族的小脚女人，根本驾驭不了。

在关外的时候，由于长白山气候比较湿润，满洲女子早晨到外面走路的时候，为避免露水打湿裤脚，就穿上了这种高跟鞋。后来，这种鞋逐渐演变成了贵族鞋，因为如果是干活的女人，穿了这种鞋就无法干活，最后也只有贵族小姐才可以穿了。

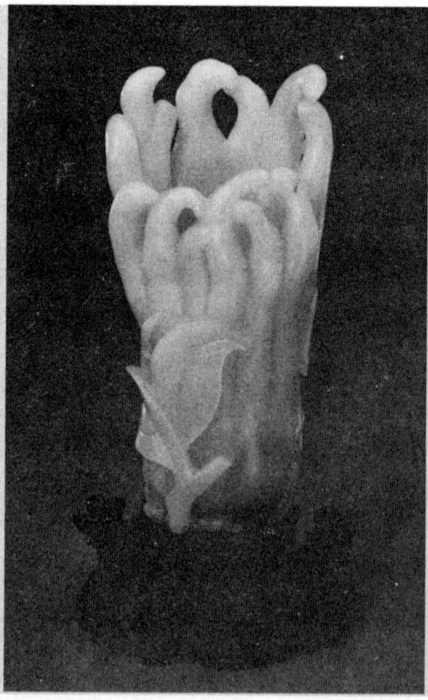

◆清乾隆黄玉雕佛手花插

♦ 晚清画珐琅缠枝花唾盂

即使年纪很大的时候，慈禧还是在穿那种鞋。从流传下来的照片中就可以看到，老佛爷的那个鞋跟是很高的。穿上这种鞋，对于执政的她来说，应该也有一种俯瞰群臣的感觉。

身体护养

慈禧很注意保护自己的容颜、身体，包括头发和牙齿。所以虽然慈禧的皮肤天生灰暗粗糙，但是经过她后期的保养变得细白嫩滑。

慈禧有一系列的美容过程，她闲来无事的时候就会手拿一个圆滚推子在脸上来回推。那个推子其实是一种按摩器，在宫里面学名叫太平车，材质有玛瑙的，有玉的。慈禧用它按摩皮肤的时候，还不仅仅是滚来滚去，而是与护肤品一起使用的。这种护肤品用麻雀粪、鹰粪、鸽子粪这些东西与奶、珍珠粉和在一起制成。把这些东西涂在脸上之后，再用推子滚可以达到令皮肤细白的效果，为了叫着不恶心，她还把鹰粪改叫成了“鹰条白”。

除了这些，慈禧在外敷的时候还会用一种御医为她研制的宫粉，有美容养颜的功效，比如藿香粉、丁香粉等慈禧会在身体各处皮肤上使用。

光是外敷还不够，想让皮肤从里到外地好起来，还得兼顾内服，所以御医们还为她研制了许多内服的药，比如“仙丹”“八珍糕”之类的东西。总之，慈禧在美容这方面没少下功夫。

在慈禧的棺材中还保留有她生前剪下来的指甲，通过以往的影视作品，我们能够知道，慈禧的指甲是非常长的。通常指甲长了很不易养护，但是慈禧的指甲不是自己养，而是有一帮人帮她养。慈禧一只手留了三个指甲，两只手共六个，她留的分别是大拇指、无名指和小拇指的指甲。这几个手指甲是有分工的，每个手指甲专门有一个宫女来负责。

知识链接

传说慈禧生前特别喜欢鲜花，美籍华人德龄在其所著的《清宫二年记》中披露，慈禧像普通人一样爱着各种生物。她特别爱种花，安排太监在颐和园种的花木，就达三四千种。对于各种盛开的鲜花慈禧总是饶有兴致地随采随吃。在荷花盛开的夏季，她经常让御膳房采集许多水灵灵的荷花瓣，泡在用鸡汤调和的面粉里，然后投入油锅里炸做成一种香喷喷的小吃，供她享用。据《清宫医案》记载西太后美容美肤时，用的水大多是金银花做的耐冬花露水，洗澡时还会用大量的玫瑰花或茉莉花做香料。可惜在慈禧的传世照片或画像中，我们无法感知老佛爷的肌肤到底怎么样。

当指甲的长度过长的时候，就容易折断，于是御医就给慈禧研制了一种药水用来泡指甲。尤其在冬天的时候，就必须得泡这个指甲，把它泡软了就不容易折断了。此外，修理指甲还有很多专用工具，比如小钩、钩针、小刷子、小剪子，要用这些来定期地修理指甲。而且还得涂甲油——当时已经有洋东西流入中国，这些好东西必然先献给太后用，慈禧所用的甲油就是法国产的。她非常喜欢法国的东西，在那个年代就已经知道法国的化妆品比较好。

刷上甲油之后，还得进行保养，慈禧就会戴上甲套来护理自己的长指甲。在冬季的时候，她会用那种内里有棉的锦套，把指甲一个一个给套上；在夏季的时候会用玉护指——因为玉凉，戴上之后十分凉爽；到春秋的时候，则会用金护指和银护指。在慈禧如此悉心的保养下，她的指甲最长的时候达到了五寸多长。

但在1900年的时候，八国联军打到了北京。指甲长几乎是慈禧的一个符号，这对她逃跑是十分不利的。她为了防止暴露目标，不仅换上了简陋衣裳，打扮成乡下妇人的样子，还把自己的指甲给剪掉了。当时可是下了狠心，一想都这会儿了还要它干吗，就让贴身的宫女给剪了，剪掉的时候据说还为此掉了眼泪。慈禧的指甲几乎达到中外闻名的程度了，在她死后还随她的棺材一起被葬入了地宫之中。

随慈禧一起进入地宫的，除了指甲还有头发。她对自己的头发也是爱惜到极致。慈禧最忌讳别人把她的头发梳断。传说李莲英最初得到她的宠爱就是因为梳头技术高，他能够不让慈禧发现头发被梳断。

慈禧很注意头发保养。她专门让御医给她准备了洗发膏、洗发粉等，同时她还会经常按摩头部，以此来保护自己的头发。如果慈禧的头发被梳掉了，是要收起来的，有的时候慈禧看到自己掉头发了就会掉眼泪，感叹

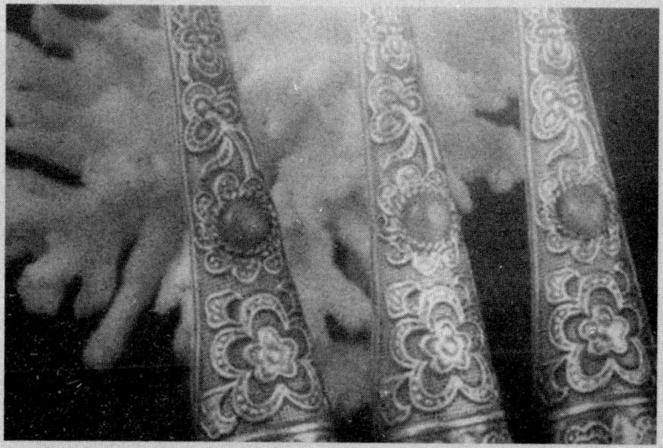

◆慈禧指甲套

♦ 宫中象牙雕镜奁

清乾隆缎缀花铜镜套

自己老了。所以梳头的太监就要格外注意，老佛爷的头发一旦掉了，就要悄悄收起来，务必不能让她看到，免得她伤心。

牙齿也受到了慈禧的特别护养。她在吃饭之前都会嚼槟榔——她认为槟榔里面有槟榔碱能够中和牙酸。吃完饭之后，她还有喝剩茶水的习惯。非常注重生活品质的老佛爷竟然留着剩茶水——那是因为茶水里面有茶碱，也是对牙齿好的。所以老佛爷到临死的时候，牙齿都还是很坚固的。

饮食讲究

慈禧堪称史上有名的“奢侈太后”，这一点在饮食方面表现得尤为突出。就拿负责慈禧个人饮食的御膳房来说，仅颐和园大戏楼东侧的炊事班就有 108 间，占有八个院落，128 人担任御厨。如此大的规模，别说是负责一个人的伙食，就是伺候一个整编师都绰绰有余了。

通常皇上和太后们都在御膳房里面传膳，但是慈禧偏特立独行，充分运用自己的权力为自己准备了一个专用厨房，又将其分出五六个部门，有面点部、菜品部、膳食部等。单是这个面点部就能做出各种各样的面点来，比如慈禧爱吃的小饽饽、小窝头，等等。其他部门出来的菜更是五花八门，比如响铃、西瓜盅这些名菜都是在这里做出来的。慈禧在吃的

♦ 寿膳房

过程中是非常讲究的，一顿饭通常要准备一两百道菜，但是她吃的实际上很少，大部分都拿去倒掉或打赏了，所以说慈禧“一餐之费，百姓万家之炊”一点也不过分。

她还信奉一句话——“饭后走一走，活到九十九”。她非常热衷于遛弯儿，而且遛弯儿的时候也是很有排场的。宫里是两餐制，当慈禧吃完第二餐的时候，她就会发话，叫来一群常在她身边的女人——就跟《红楼梦》中的贾母似的总有一群女人围着，然后这一众女眷就在园子里面或者御花园里开始遛弯儿了。一路上赏景看花，不但陶冶心性，也能达到一种很好的养生效果。

不仅如此，慈禧在遛弯儿的过程中更是浩浩荡荡、颇有派头的，先是前面有开路的；然后是中间有一群陪着的；后面还有一帮服侍的下人，得带着她吃喝拉撒的用具，比如官房得拿着，点心盒也得带着，后面跟着一大帮人，倘若老太后饿了，就得立马给她递上吃喝，一些宠物、玩物也不能落下，都得带着去。

慈禧随时还会发布一些旨意，所以那些文房四宝也得走到哪儿拿到哪儿。甚至有的军机大臣也得跟着，有的时候老太后来了兴致，要发布一些

♦ 清乾隆白玉错金嵌宝石碗

谕旨了，比如想换某人的官职，突然想出合适人选了，等等，这就方便她随时下谕旨。她这种做法和皇帝一模一样，在遛弯儿的过程中既陶冶了心性，还激发了她对政事的灵感，所以她很爱遛弯儿。

爱好广泛

慈禧非常注重保养，因为她很在意自己的容貌。她很想给后人留下一些画像，让人们如同崇拜皇帝一样瞻仰她。估计皇帝都会有画像，乾隆就有欧洲画师郎世宁为他画像，所以慈禧也想效仿前人给自己画画像——其实慈禧已经是十分奢侈幸运的了，因为她还享受过照相。

于是，宫里就给慈禧请了两位外国画师。一位是美国人凯瑟琳·卡尔，她的西方画像技术与我国是很有区别的。她很善于画写实的油画，画完之后给慈禧呈上一看，简直就是照相出来的效果，所以慈禧下旨大加赏赐。另外一位画师是在1905年的时候，晚卡尔两年进宫的。这个画师名叫华士·胡博，来自荷兰。这个荷兰画家在欧洲是非常有名的，他凭借优秀的画像技术给很多人画过像。慈禧看过了他为李鸿章和奕劻两位画的画像，觉得十分不错。老佛爷这个人就是什么好就用什么，所以就命人赶紧把这个人给她请来。

◆ 慈禧照片

♦ 慈禧画像

宫里委托了美国大使馆给华士写了一封信，华士在家中收到了这封信。当时他对画画对象毫不知情，只是接到通知让他去中国给一个非常神秘的人物画像，于是他怀着忐忑不安的心情来到了中国。到了中国之后才知道是要给当今鼎鼎大名的慈禧皇太后画像，这就得加着十二分的小心了，拜见完慈禧太后之后，华士就开始作画。

画完拿给慈禧一看，结果她大批华士手艺不好，嗔怪给自己画了一副阴阳脸，华士解释这是他们西方的画法，要有阴影光线的明暗区别。老佛爷不干了，说人家卡尔也是西方人画得怎么不这样？华士一听就来请教老佛爷哪里不合适。老佛爷先是嫌自己眼睛画得不够大，然后说嘴也画歪了。华士这外国人有话直说，说您岁数大了就长这样！旁边的明白人就赶紧提示他，要按照慈禧的想法来画人家慈禧才会满意。

因此华士就开始改变画路了，把慈禧的眼睛画得大大的，像葡萄似的水灵灵的，然后把嘴也画美了，面部肌肉什么的都给画得挺丰满。这回老佛爷看完高兴了。但是人家外国人心想了这老佛爷怎么不实事求是啊。虽然老佛爷当时已经七十多岁了，华士给她画得还像三十多岁，确实与事实

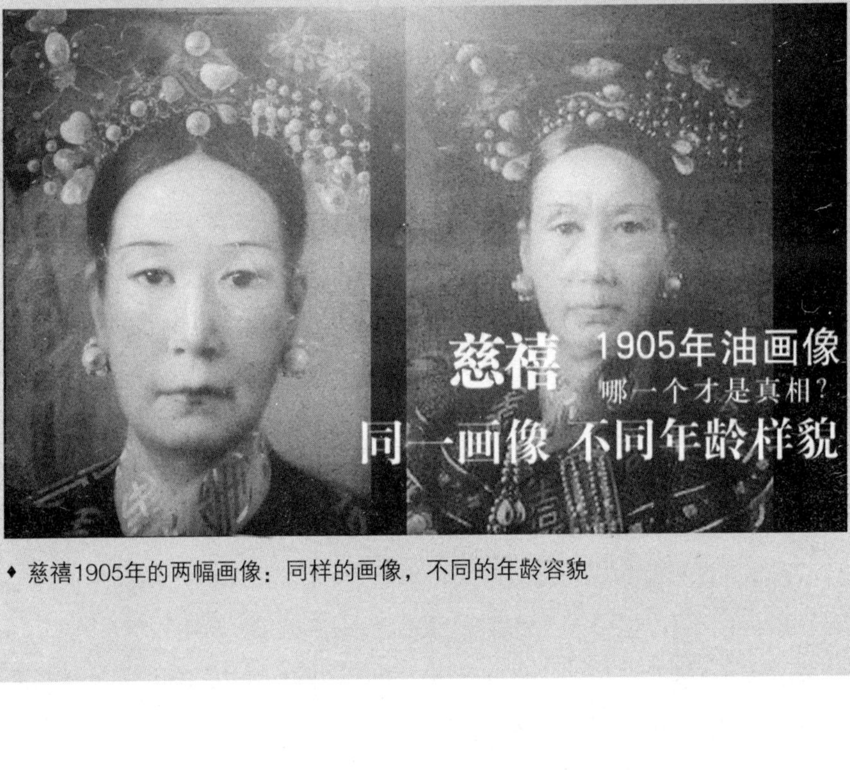

♦ 慈禧1905年的两幅画像：同样的画像，不同的年龄容貌

不符。但是老佛爷是个女人，到老爱美的虚荣心都不会消失。

从这之后慈禧一个人就有了两幅画像。而且她还爱照相，这说明她对西方文化很接受，用我们现在的话概况起来她是一个“实用主义者”，对于西方的照相术、灯泡、火车、汽车等她都很能接受，因为这些东西是一种消费，能够让她得到享受。

甚至在西苑中就有火车，慈禧会坐着火车去观看一些表演，这种感觉是从来没有过的，她十分享受，感觉在火车里面坐一坐非常开心。后来这个慈禧坐过的火车，被张学良的父亲张作霖得到了，但是被日本人炸得粉身碎骨，没有保存下来。不过现在在上海的老车站饭馆里，还留有一节列车车厢，是慈禧太后坐过的。

然而能够接受西方文化的慈禧，却不能接受西方的民主——如果皇帝说话不作数了，那慈禧是不能接受的，因为她最重视的就是权力。对身体有好处的、可以让人享受的东西，她可以欣然接受，但要是威胁到她的权力则是万万不可——到什么时候她的权力都不能丢，这就是她对西方文化的态度。

拜佛修心

后世有人揣测，慈禧长于养生之道是想要得道成仙，而且这跟她老佛爷的称谓也有关联。据《清朝野史大观》记载：慈禧曾经扮作观音菩萨照过一张很大的相片，因而宫中上下才都称呼她为老佛爷。当时，慈禧头戴毗罗帽身穿袈裟，旁边站着李莲英、崔玉贵，还有庆亲王奕劻的四女儿。四格格扮的是龙女，而李莲英则扮的散财童子。其实，老佛爷确实很敬佛、崇佛，不过，她手拿净瓶扮观音大士，也是调整自己心绪达到养生的目的。

每当她上朝的时候，军机大臣们禀报军报，就得如实上报，不能照顾到老佛爷的情绪。比如在太平天国的时期，一封八百里加急的军报报上来，常常是又被对方攻下一座城池这样的消息。这个时候慈禧自然是又生气又着急，脸色也会变得特别难看。尤其是女人，一旦动气就会造成肝脾不和、心胃不和、肠胃不和这类的毛病，所以她的健康和政务有着很大的联系。

所以太监、宫女们都养成了一种习惯，每当慈禧很生气地退朝下来，他们就得察言观色，看到老佛爷神情不悦，所有人赶紧大气也不敢出，等着她发话。

这时候慈禧会很自觉地调整自己情绪。她会马上回到她的宫中，进到西室，里面有一间静室供着白衣大士。慈禧到了里面在佛像面前一坐就是40分钟，不管有多急的战报、军报都不许报告她，谁都不能打扰她。她这个时候就是在里面一心礼佛，心中无杂念专心念经，以此来静静地沉淀情绪，洗濯心灵。礼佛的过程能够使她冷静下来，很好地消除心绪不宁。40分钟一过，慈禧再从里面出来的时候，就已经多云转晴了，变得和颜悦色，再继续她的政治生涯。

有一个故事是关于“老佛爷”这个称谓的来历，说当年慈禧太后在宫里面听说江湖上有一位非常有智慧的和尚，这个和尚特别擅长画观音像，且擅长画各种各样的菊花和兰花，慈禧首先非常尊崇观音大士，其次自己名字是兰儿，所以一听这个传闻就命人把和尚请到宫里来了。

♦ 皇宫经叶

◆ 慈禧太后扮观音像

♦ 清乾隆顾绣金刚经塔轴

和尚来到宫里之后，慈禧却把这件事给遗忘了，过了好长时间突然想起来，就出了一个难题给众人，问谁能在五尺的宣纸上画出八尺高的观音来。这明显是个不可能的任务，但谁也不敢言语。其实慈禧这是在试探这个有才干的和尚，这时候他果真就站了出来说自己试一试。

和尚回去之后，经过一番苦心思索，终于画出了一幅观音像拿给慈禧。寻常观音怀抱净瓶直立，而和尚的画上净瓶在地上，观音弯腰去拿瓶中的柳枝。和尚解释说他画的观音是下身四尺上身四尺，这是观音在弯腰时候的样子，如果直起来了身高就是八尺。

老佛爷一听这和尚果真聪明，就要打赏，但是这和尚什么也不要。这引起了老佛爷的深思，觉得自己道行还是不够，在佛法方面造化还太浅，就说要出家继续修炼。她虽然这么说，但是她是掌管天下的西太后，哪能随随便便出家。这时候她身边的李莲英就很机灵地给她跪下了，说您就是我们的老佛爷，不出家也是老佛爷。这句话一下子就说到慈禧心坎里去了，随后“老佛爷”这个称呼就不胫而走了。

但关于老佛爷还有很多其他的传说。有学者认为老佛爷是慈禧太后专

◆ 清雍正写本《金刚般若波罗密经》

用的，其实是一种误解，这实际上是清朝历代皇帝特有的称呼，因为清朝是女真族建立的王朝，身居高位的首领就叫满柱，清朝建立后就将满语的满柱译为佛爷，成为清朝历代皇帝的特有称谓。慈禧太后让别人称呼自己为老佛爷，用意就是想和男性皇帝一样，享有至高无上的特权。

不管怎样，慈禧的修身养性之道跟她信奉佛祖是分不开的。而她能够活到 74 岁，垂帘听政 40 多年，27 岁丧夫、41 岁丧子，内忧外患不断，还需要周旋斗争于侄皇及其帝党之间，可谓纷争不断。虽然政务缠身，但她年逾花甲，却风韵不减、精神矍铄、肌肤如玉、青丝不落，除了她极尽奢华的生活方式，应该与她能够处理好忙碌与养生的关系也有着紧密的联系。

◎ 慈禧爱好之谜

慈禧陵寝建造耗时 13 年，地面建筑富丽堂皇得就连紫禁城都相形见绌，她的陵寝中使用了哪些她钟爱的物料？爱慕虚荣的慈禧拿什么珍宝在洋人面前炫富？她过生日的时候大臣们都送了哪些贵重礼物？慈禧专门配备了四个太监照顾爱犬，她对狗究竟溺爱到什么程度？在西方文明进入中国之后，西洋镜里映射出了慈禧的哪些矫情和腐朽？关于慈禧的爱好还有很多谜题，就让我们来继续接近她、了解她。

挚爱珍宝

通过慈禧的养生和爱好，就能够看出她生前的奢侈程度，她那座金碧辉煌的陵寝更是让人叹为观止——仅从地面建筑上来看，也是奢华中的极品了。其陵寝中三殿的装饰完全是用叶子金来贴饰，梁枋架木上贴的金龙和玺彩画，是由金块打成的薄薄的金箔贴制而成。这种做法只在皇宫中的太庙、宫殿中才有，而且也只是很少的一部分，因为黄金始终不是一般的珍贵。而在慈禧的陵寝中关于黄金的工艺就有三种，一种是上面所说的贴金，还有一种叫扫金，在陵寝中 64 根柱子上所用的那种叫鎏金。在这三种黄金装饰上用掉的黄金一共有 4592 两。这个数字相当的惊人！当时国库已经十分空虚，但慈禧的陵寝却用掉了这么多的黄金作为装饰，实在是太过奢侈。

♦ 慈禧地宫陪葬品

但慈禧的奢侈远不止于此，在她陵寝中的金井里头，更有许多奇珍异宝。在皇帝、后妃的地宫之中，都一定有一个被棺材压住的金井。金井是地宫的核心，陵寝建成后，大葬之前要把一些珍奇宝物陆续放入金井内，据说能起到“镇墓”的作用。大葬时金井内放入用黄绸缎包裹的、不见日月星三光的原山吉土，然后把棺椁安放在金井的上面——历代皇陵在修建之后皇帝们都有这种虔诚的礼制。然而关于金井和慈禧的宝贝还有一段曲折的故事。

清朝的时候，民间是不允许随便使用珍珠的。就方向而言，产于松花江、乌苏里江、黑龙江三江流域的珍珠叫东珠，这里的珍珠很正，是正珠，比别的珍珠都要珍贵，所以只有皇家才可以使用。这种珍珠晶莹剔透、粒大圆润，清朝的皇帝、后妃们都非常喜欢。慈禧也不例外，她在这些珍贵的珍珠当中，挑拣出最上乘的 18 颗，制成了一条珍珠手串，这个手串受到了慈禧的特别钟爱，在生前多次把玩。

但在这期间有人向慈禧提议，既然这个珍珠手串这么好，就应该把它

◆ 慈禧陵大殿黄花梨木梁柱

♦ 慈禧陵殿内“五蝠捧寿”砖雕扫金墙壁

投入到金井当中去，作为镇墓之用，防止老佛爷的坟墓被盗。慈禧认为此话有理，于是就在光绪十六年（1890）亲自来到地宫，万分不舍地将这个珍珠手串抛到了金井之中。

但是这个手串价值连城，为世间罕见，是地位和荣耀的象征，对于慈禧来说，失去了手串就等于失去了身价，所以她时常后悔不该把它投进金井里，后来还经常想起这个手串，偶尔伸出手来就想把玩它。但是她也不敢将之取出，万一导致墓穴被盗岂不是很凄惨？毕竟人活几十年，但是死后还有几百年、几千年、几万年，后世的事情是无法控制的，所以她不敢轻举妄动。

光绪二十四年（1898），慈禧太后要参加一个为外国公使夫人举办的宴会。她听说宴会上会来的各国大使都很有身份，很有地位，他们的夫人也都十分尊贵，尤其是她们的穿戴都是名贵之物，这个时候慈禧又想起那珍珠手串来了。认为要震慑住这些外国夫人，想必也只有这串手串能办到，如果能戴上这个手串出席宴会，一定会让她们认为老佛爷才是天下最富有

♦ 清乾隆画珐琅花卉粉盒

的女人。所以慈禧就把这事念叨出来了，说光绪十六年（1890）下地宫把手串扔到金井中的事，也不知道这手串怎么样了。一个手串还能怎么样？她这么一说，她身边的李莲英自然就摸着了她的心事，于是就顺着话茬哄她说可以把手串拿出来。老佛爷随即就问遭到盗墓怎么办？而李莲英口舌如簧，说将来的事将来再说，再放更好的宝贝进去作用也是一样的，而且金井之中珍宝数不胜数，各个都有镇墓的作用，所以拿出来没关系。这话说到了慈禧心坎里，让她终于如释重负，当即安排李莲英去给她把手串拿出来。

随后李莲英就安排了八位大内高手，带领一些官员前往东陵，在马兰峪的东陵守护大臣接到消息也不敢怠慢，马上派人、派兵护送他们到慈禧的地宫之中，把手串取了出来。紧接着，又星夜护送押解到紫禁城内交给了慈禧太后，好久不见这个手串，此番得以一见，慈禧满心欢喜地把玩一通。之后，果真让各国公使和公使夫人见识到了这个流光溢彩的珍珠手串。

然而，这个手串最后却流落民间了，让后世的我们未能得以一睹其华彩。

◆ 慈禧与外国公使夫人合影

穷奢极欲

说到慈禧的爱好，除了具体的某一件宝贝之外，她最大的嗜好就是虚荣、弄权、摆谱。据记载，慈禧每次洗澡要用掉可以作为工艺品收藏的精致毛巾 40 条；慈禧每天的生活费需白银 4 万两；慈禧过 60 岁生日时累计花费白银 1000 万两——还不算装修颐和园花掉的 3000 万两白银（也有相关学者研究，此项费用大约为 500 至 600 万两）。1000 万两白银相当于重建一支先进的北洋舰队的经费，而建造颐和园的费用足足可以组建 3 支强大的北洋舰队。当时的大清国已经是贫弱不堪，然而对于慈禧这种穷奢极欲的爱好大臣们却是极力迎合。

慈禧太后 73 岁的生日庆典也搞得非常隆重，朝廷上下非常重视。当时由李莲英去操持这件事，他先是在京城里面布景，随后又搭建戏台为看戏做准备。最后还给各路督抚传去旨意，让他们给老佛爷上供祝寿。送生日礼物可是十分有讲究的，当时各路督抚大臣各显神通，几乎各个都把自己的看家本领给使出来了，争相亮出好东西。

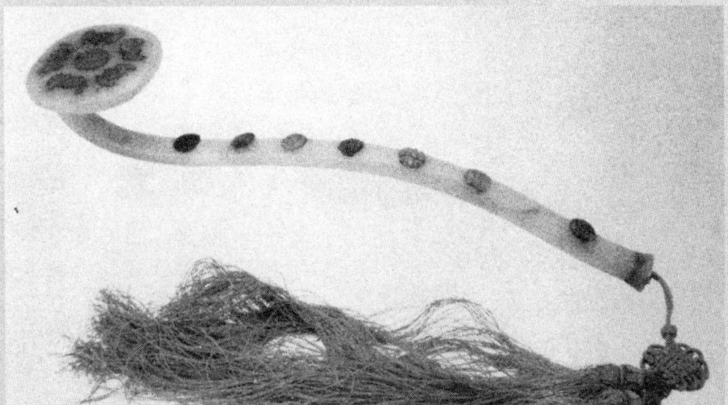

◆ 宫中白玉嵌宝石五蝠如意

当时有三份礼物让人看了是赞不绝口，其中一件来自两江总督盛宣怀。两江是一个物富民丰的地方，两江总督之职无疑是个肥差，所以在盛宣怀这儿钱不是问题。而且老佛爷给提供了这么好一个差事，她过生日必须得供上好东西。于是盛宣怀就给慈禧送了一架围屏，这架围屏由上好的玻璃镶紫檀木边而成。那个时候的玻璃是十分珍贵的，可见这架围屏是相当珍奇的，再用以珍珠等宝物装饰，就更显名贵。

第二份礼物的赠送者就是袁世凯。他当时是北洋大臣，有实权在手，老佛爷待他也不薄，有了献礼的机会他肯定也是铆足劲儿来表现，所以就准备了好多裘皮大衣，以及各种宝石，装了满满一大车给老佛爷送来了。

当年老佛爷西逃的时候，有一个护驾有功的人，名叫岑春煊，他也是一个位高权重的人，这第三份礼物出自他手，也是相当出彩。他先是筹集了 1700 两金子，打制出 9 柄金如意，虽然如意的寓意极好，但是金钱气息很重，为免过于俗气，岑春煊又搜罗了一些名人字画，将这些宝贝一齐献给了老佛爷。

收到如此多的礼品，老佛爷便一一地检视一番，因为从礼物上就能映射出谁最效忠于她。她先是看到了盛宣怀的围屏，点了点头什么也没有说；然后看了看袁世凯送来的一车宝贝，说了三个字“颇实惠”；再往下看，

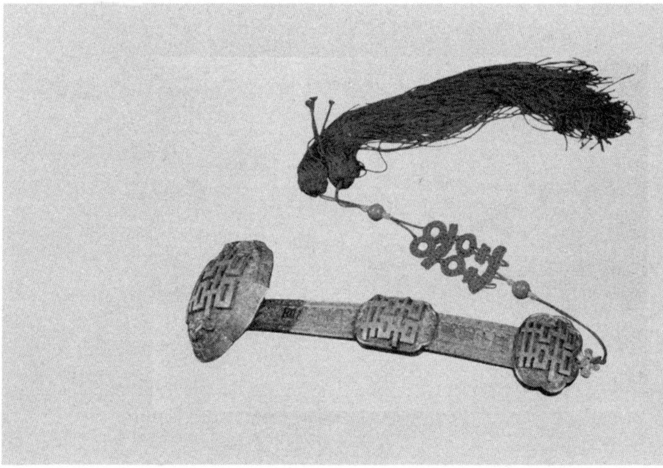

◆宫中喜字金如意

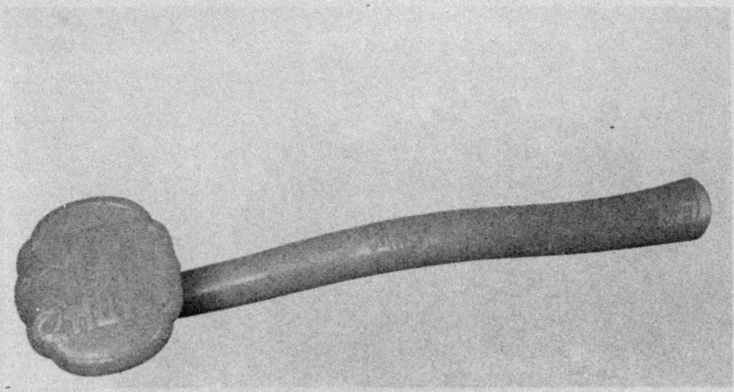

♦ 宫中喜字玉如意

看到了岑春煊的字画，因为慈禧平时也喜舞文弄墨，对此来了两个字“颇雅”；再然后这9柄金如意映入慈禧眼帘，她眼睛登时就直了，竟发出不可思议的赞叹，直呼“这是真的吗？”她旁边的李莲英就回话了，谁敢给老佛爷假货啊，老佛爷点了点头就命人给收起来了。

于是在慈禧73岁生日的时候，档案当中就留下了这三位封疆大臣给她进贡的礼品。而实际上她所收到的东西远不止于此，其他的人也都是不甘示弱地献礼，所以老佛爷当时必定收到了不少如今不得而知的好东西。

游车趣事

我们知道慈禧非常喜欢鲜花、爱穿高跟鞋，以及她对养生也十分有一套。而由于当时那个年代已经属于近现代了，所以慈禧接触了非常多的西洋文化，她对汽车也有一种特殊的情结。

关于慈禧坐汽车这件事，不得不提袁世凯。他这个人十分擅长阿谀奉承，也因此尝到了很多甜头。当初慈禧所上的火车是一辆花车，车上布置得琳琅满目，其墙壁之上挂满了壁瓶和各种宝贝，地上也都布满了珍宝。慈禧当时由李莲英扶着，一上车就被闪到了眼，连忙问是何人所为，为什么在这弄这么多的好东西？李莲英赶紧告诉她，这都是青年才俊袁世凯大

◆袁世凯垂钓像

人费心布置的。

因为之前在戊戌变法时，袁世凯出卖了参与的功臣们，所以慈禧对他很有印象，一听这个事情是他弄的，就把他叫来了。袁世凯进来之后扑通就给老佛爷跪下了，然后听着老佛爷含含糊糊地批评他弄这些东西，说做臣子的应该专心做自己该做的事。袁世凯灵机一动立即磕头说，太后对臣有知遇之恩，臣当以死相报，这何足挂齿！慈禧一听就露出了笑脸，说了句“下不为例”就让他退下了。

从那以后，袁世凯就摸准了慈禧的脾气，得知她虽然满嘴仁义道德，实际上骨子里却是穷奢极欲的。此番得到太后这样的一个态度，袁世凯回去之后就开始再接再厉，不时地想办法找时机给慈禧进献宝贝。

但是慈禧坐拥天下，实在是什么都不缺。知道老佛爷素来中意新鲜玩意儿，袁世凯思来想去灵光一闪，决定给老佛爷定一辆汽车，届时让她上车坐坐必定能博她一乐。当时德国出产一款叫奔驰的汽车，于是袁世凯就通过盛宣怀委托德国奔驰汽车的厂家，专为慈禧定制打造了一辆德国产的好车。因为中国皇家最主要的颜色就是黄色，所以袁世凯给这辆车设计了一个黄色的顶篷，此外把手等细节也都处理得非常精致，各方面都十分符合太后的身份。

这辆车运送过来之后，袁世凯就借李莲英的口把这件事告诉了慈禧。老佛爷一听就不淡定了，进口的汽车必须得瞧瞧，然后就进园子了。到了汽车跟前儿老佛爷就蒙了，先是不知道坐哪儿，给她安排到后边正座坐下之后，又不知道这车怎么走，于是，来了年轻小伙子坐上驾驶位给她当司机，她又嫌人家跟她平起平坐了，而且还坐在她前面。但是司机也没有办法，不坐在这儿就无法开车。所以李莲英就给慈禧解释，司机不坐在那儿开不了车，他只是无名小卒，不可能和老佛爷平起平坐。慈禧这才消停地让人家开车展示，于是司机就小心翼翼地开车绕了一圈。因为是敞篷车，起初车开之后有风还吓到了慈禧，不过坐着车吹风倒是挺凉快，但是慈禧还是不太习惯，虽然这个过程中车行驶得比较平稳。一圈之后，老佛爷说行就放那吧，以后有机会还坐。但其实在老佛爷一生当中，这是她唯一一次体验坐车。

♦ 慈禧御用汽车

♦ 袁世凯像

知识链接

民间流传慈禧第一次坐汽车的笑料还有很多，她听说汽车不用马拉就能跑，新奇地问，这车跑得这么快要吃很多草吧？司机说它不吃草烧的是油，慈禧就感觉有点儿莫名其妙。慈禧迷上了汽车之后，一些老臣联名上书说，一个开车的奴才竟然和老佛爷平起平坐，实在有失我大清体统，慈禧觉得言之有理便令李莲英传旨拆掉司机座椅，让他跪着开车。这下麻烦可多了，跪着手脚难以配合，这可怎么办啊？于是他想出了一个主意——用破棉絮堵死油管，谎称汽车坏了。当时国内没有人会修汽车，慈禧就再也没有提起过这辆车，从此这辆进口轿车就与大清帝国一起淹没在历史的烟雾之中了。

酷爱照相

除了西方的汽车，慈禧对照相技术也是情有独钟。当时清朝流传一种迷信的说法，称不能照相，因为会把灵魂拍到那个匣子里去。但是经过很多的人称赞，慈禧对照相产生了兴趣，并且喜欢上了照相。当时宫内宫外的人都对慈禧说，再精湛的画技都不能把老佛爷的形象画得传神，老佛爷的威武福相不见得有人能画得出来，但是照相是最好的，照得跟真人一样。再一听这个东西来自西方，老佛爷就更要尝试一下了。

通过查看当时的资料，发现给慈禧照相的有两个人。一个是辽宁省法库县人任庆泰。他起初在紫禁城周围开了一个照相馆，奕劻等人在那照过相。一来二去，效果不错。他的名字就传到慈禧这里，被请进宫里照相。给慈禧照完相之后，慈禧一看果真是非常之好，于是就赏了他四品顶戴，可谓光宗耀祖。

另外一个更有名气的就是裕德龄的哥哥裕勋龄。由于德龄一直陪伴在慈禧身边，她的哥哥就是通过她的推荐，得以进宫为慈禧照相的。有意思的是，德龄的哥哥是近视眼，照相不方便——当时给慈禧照相的时候还得摘了眼镜照。

慈禧一生照过许多照片，并且也都流传下来了。其中有她的生活照，

知识链接

裕勋龄，清廷驻日、法公使三品卿衔裕庚的次子，裕德龄的哥哥，大清皇宫的首位御用摄影师，现存的慈禧照片大部分由他拍摄。他也为光绪皇帝照过相。

据秦瘦鸥1982年在期刊《紫禁城》上发表的文章回忆，勋龄能成为慈禧的御用摄影师实属巧合。1895年，其父裕庚出使日本及欧洲各国，裕勋龄与其两位妹妹德龄和容龄三人随行，并在法国巴黎留学。光绪二十九年（1903）春，三人随父回国，德龄与容龄被慈禧封为御前女官。当时的清王朝虽已岌岌可危，但对各种封建制度和所谓祖宗家“法”，还是看得很重的，轻易不肯打破，寻常人绝不可能随便出入宫禁，不用说给帝王后妃拍照了。勋龄出生于封建官僚家庭，父亲裕庚是三品大员，母亲和两个妹妹又常去宫里，情况自然不同了（他本人可能也有个什么官衔，但绝非如德龄书中所写的戴红顶子的大员）。然而他最初也绝没有那么大的胆子，去为被尊称为“老佛爷”的慈禧太后拍照，曾一再规避。后来还是容龄想出主意，让他先给自己两个妹妹和别的宫眷拍了一批照片，送呈慈禧鉴阅，试一试她的反应。不料慈禧看了，十分高兴，并且预颁敕旨，即使勋龄给她拍的照不满意，也可不加罪责，这样勋龄才能在清宫为慈禧、光绪等皇室成员连续拍下众多的相片。

◆ 慈禧照片

♦ 慈禧照片

比如她在宫里面扮观音大士的照片；有她在湖上游船时坐在船上的照片；慈禧出巡的时候，身边浩浩荡荡随行好多人的照片——除了心腹太监李莲英、崔玉贵，还有好多女眷在旁边陪着；她和外国夫人合影的照片；等等。而慈禧最为得意的，就是在颐和园乐寿堂前面的天棚里照的照片。两边的架子上摆有水果，后面挂有丹凤，写着“大清国当今圣母皇太后万岁万岁万万岁”这样的横幅。在这个布景前拍出的照片十分有气场，所以慈禧太后非常喜欢这里，在此拍了好多照片，流传于世。

美食故事

慈禧作为一代不加冕的皇帝，她几乎吃遍了所有地方的名吃，而且她也非常爱吃。有人说慈禧是长治人，长治的很多食品她都非常喜欢。东陵也有一个很出名的小吃，很受慈禧喜爱，名字就是饹馇。其实这个东西并不是很好吃，但是她就偏爱这个口味。

传说到东陵去谒陵的时候，东陵的守护大臣为如何款待老佛爷而十分

♦ 乾清宫御宴

◆ 宫中大雅斋瓷器小样

焦虑。他知道慈禧向来嘴刁，给她准备什么吃的是一大难题。该大臣绞尽脑汁，找来最好的厨子做出好多名吃，但是慈禧什么好吃的没吃过啊！恐怕仅仅如此并不能讨得她的欢心。最后在慈禧用膳的时候，他们就把当地的地方特产给端上来了。这是一种用绿豆做的面糊糊，慈禧从来没吃过这种东西，尝了一口之后感觉十分新奇，就问这是什么。

当时有个规矩，就是慈禧吃过一口的东西就要撤下去——因为慈禧爱吃什么不爱吃什么不能被人知道，以免被人下毒。然而当这个特产被吃完一口，服侍的太监正要拿走的时候，慈禧说“搁着吧”，意思就是还想接着吃。这时候，东陵守护大臣正愁答不上这个食品的名字，就赶紧给慈禧跪下，说谢老佛爷赐名！从此这个谐音的“饹馇”就流传下来了。

养狗有道

慈禧还特别喜欢养小狗，尤为钟爱京巴，从她流传下来的出巡的照片中可以看到，周围是一群女眷，前面那个黑乎乎的小狗，正是京巴。

慈禧养狗可谓是养上瘾了，爱狗达到了一种痴迷的程度。因为是慈禧的狗，所以也是过着锦衣玉食的生活。她在狗房里专门配备了四名聪明伶

◆ 慈禧御用品：大雅斋瓷器

俐的太监，他们对于给狗配狗食十分在行，给狗配出的食物比人吃的都好。同时，这个狗也是真正的锦衣的待遇，穿的都是绿缎的衣服，一年四季还会给它们调整穿着，冬夏各不同。此外，狗的住所也是非同一般的，是一层一层搭建的小楼。太监们就专门负责为狗做饭、洗澡及打扫狗圈。

慈禧对于养狗也是很有经验的，她说狗在小的时候不能多喝水也不能多吃肉，多喝水会长得消瘦，而多吃肉则会变得发胖，要控制狗的身材达到不胖不瘦才好看。

而且她还为太监支招儿，教他们给狗"整容"，改变狗的面相。她认为狗的口、鼻要翻过来才好看，那到底怎么做呢？她让太监们在棍子上绑一块肉或者肉皮，然后把棍子拿高去逗狗，狗想吃肉就会去够，不停地用嘴去舔、向上顶，久而久之嘴就会变宽，鼻子也会翻过来，她在这方面下了很多功夫。

慈禧有几十条狗。此外，还从德国、英国等外国进口了许多狗。她还会自己培育狗种，但她最喜欢的始终是京巴。

从以上对慈禧爱好的了解，可知慈禧当真是极尽奢华之能事，在国力如此衰微的情况下仍然异常讲究。当然，养生没错，有所爱好也没有错，

♦ 慈禧

但是她身为一个统治者，还是应该把人民的生活放在第一位。

◎ 另类小资生活

当年权倾一时的慈禧太后，实际上掌握的就是皇帝的权力，她其实也是很繁忙劳累的，但是她在处理繁忙的政务的同时，还能兼顾自己的兴趣爱好，过着十分“小资”的生活。其实“小资”这个词用在她身上，可能还不够，她应该算得上是“大资”了。

在当时，中西方文化产生巨大的冲突，慈禧的生活也难以延续清廷固有的传统，而过上了“小资”生活的慈禧依旧在政治上延续着保守的传统。此番就让我们一起去探寻慈禧的另类小资生活中的故事，由此再现慈禧爱慕虚荣的性格和穷奢极欲的生活。

接受西方文化

一直自信地堪称天下第一的慈禧，也难免对西方传来的洋玩意儿产生好奇，有的东西她还逐渐地迷恋起来。比如她生前酷爱照相，留给后世许多照片。如果没有这些照片传世，那么对慈禧太后这位知名度超高的清代名人，我们就只能凭借文字记载，去想象她的真实容颜了。那个时候，照相技术刚刚传入中国，从慈禧初次接触这个洋玩意儿到最后对相片痴迷，这个过程中发生了好多趣事儿。

据说第一次拍完照的时候，慈禧就到暗房里去瞧新鲜，看到自己的照片泡在药水里脸都是黑的，就问身边的德龄这脸怎么都是黑的啊？会不会有什么不好的兆头？当听完冲洗过程的解释后，慈禧说这倒是挺有趣的。慈禧看着自己的照片在药水里一点点变清晰的时候非常兴奋，像个小孩似的，连说：多神奇呀，活灵活现的。之后她把自己的照片拿回房间后，一张一张长时间地盯着看，甚至拿过镜子对比着有什么不一样的地方。她还常常拿着照片，让身边的宫女、太监过来看，挑一挑有没有和自己不一样

♦ 慈禧太后和后宫佳丽合影照

的地方，简直是对照相有着一股特殊的迷恋之情，说她促进了中国摄影的发展也不为过。

更有趣的传说是，慈禧每次拍照之前，还会选一选良辰吉时；拍摄时，也通常都会多拍几张，以便挑选。而且她会在出巡游玩时留下照片，也会专门布景享受照相，也正因此留下了很多她的娱乐生活照和肖像照，且让这些照片得以流传于世，成为珍贵的历史档案。

慈禧是一个个性鲜明的人物，她在男权世界里，把女人做到了极致，风风光光、扬眉吐气。她在政治世界里游戏，政治给了她无限的尊崇，也带给了她千古骂名。后世评论认为，总的来说，慈禧的思想是保守的，她看不到当时世界发展的总潮流和人类科技进步的新动向。还依然像她的列祖列宗那样，以“天朝上国”自居，认为外国都是偏邦小国，来中国都应该朝拜进贡。但她的这种思想并不是顽固到底、一成不变的，她也在慢慢地改变，逐渐接受新鲜事物。

比如照相就是一个突破，此外还有用电报、修铁路、坐火车等，这些与当时朝中的一些顽固守旧的人物思想相比，也算是意识形态上的更新了。由于她思维方式的变化，还使颐和园内刮起了一股西洋风。

1888年清漪园修建改造后更名为颐和园，它成为慈禧太后常年驻足之地。这里不仅见证了慈禧施展政治权威的霸气一面，也遍布着她作为女人享受生活的足迹。

如今，在颐和园的排云殿正殿及乐寿堂，还分别保留着两盏昔日的大吊灯，它们足足存在了一百多年，有专家考察时将之通电，仍能发亮。

众所周知，在有电之前，中国皇宫的室内照明多用蜡烛，也有的使用油灯，慈禧可以说是京城使用电灯的第一人。1903年德国商人意图将西方电器商品打入中国市场，所以他们花重金贿赂慈禧的贴身太监李莲英，将电灯带入慈禧的生活。乐寿堂正中悬挂的那盏琉璃吊灯五彩缤纷，通电之后更是大放异彩，再加上李莲英的言语煽动，于是慈禧从那时就开始使用电灯，并且引领中国各大城市也慢慢开始用电了。

实际上，慈禧观念的进步，跟她身边那些竭力讨好她的“马屁精”不无关系。其中最典型的人物当属袁世凯，就是他把中国进口的第一辆汽车带到了慈禧面前。

◆慈禧照片

亲民取乐

德龄公主曾经近身服侍慈禧太后，在她的回忆录《清宫二年记》当中，对晚清“第一女人”慈禧的生活细节做过很多记述。

她曾提到，在一个大年三十的晚上，宫里没有一个人想上床睡觉，于是慈禧就提议大家玩骰子，并赏给每人一些钱，多的能达到二百两。而且慈禧还让大家用心点儿玩，赢钱才好，可见慈禧这个人也是很有玩乐之心的。不过，德龄她们当然是极其用心的，因为生怕赢了太后的钱。

赌钱玩儿够了，就到了慈禧的另一个开心时刻，她会把自己的赢来的钱全都放在地上，然后下令让大家来抢，以此取乐。这时候，宫女和下人都会一拥而上，拼命抢夺，尽力让慈禧开心。以后的几天，慈禧都会玩类似撒钱的游戏。既能抢到钱又能讨她欢心，大家自然也是乐此不疲。

而在这一天，慈禧也会有百姓人家老奶奶的仁慈，一改平日的威严，德龄就经历过一回。她回忆说，自己在睡眼蒙眬当中，感到有个东西掉在她的嘴里，就猛地醒了过来，睁眼一瞧，原来是一片糖，便马上吃掉了。于是她走到太后身边，慈禧十分温和地问她糖好不好吃，又让她不要睡，多玩一会儿。慈禧这么高兴的样子是十分少见的，当时的德龄也是从来没见过。慈禧开起玩笑来，竟然就像个孩子，甚至让人难以相信，那就是那个令人又敬又怕的慈禧太后。

一直到那一天的傍晚时分，初一大戏差不多唱完了，这时候慈禧还办起了即兴表演，超级票友的她让太监们奏

知识链接

据故宫专家向斯所著的《女人慈禧》一书介绍，慈禧最喜欢听戏，而且最喜欢听的是有失高雅的淫戏。为此，大太监安德海还特地在西苑建造了一座精彩绝伦的大戏楼，专供慈禧看戏。并专门召集了一班梨园弟子，专职排演戏剧，尤其在淫戏方面可谓是下了很大功夫，就是为了博慈禧一乐。有的时候戏中种种太过下流不堪，使得陪听的皇后都觉坐立不安，可是慈禧她老人家却旁若无人，听得津津有味。

◆清宫阅是楼：皇帝、太后观戏之处

◆宫廷戏本《取洛阳》

乐，自己亲身上阵唱几首小曲过把戏瘾，而宫女们也会跟着她唱起来。唱到兴头上慈禧又会命太监唱。票友太监们自然唱得很是专业，只是难为了那些平时只知道喊“嗻”的太监，他们根本不会唱。但是老佛爷的话谁敢不从，这些太监只得扯开公鸭嗓一样的嗓子嚎上几句。不过这么一来，倒出来了戏剧效果，不只逗笑了慈禧，大家都跟着笑了，这个宫里的节日气氛也是其乐融融的。

高品质生活

德龄在回忆录《清宫二年记》中记述说，慈禧太后深信《吕氏春秋》里写的“流水不腐，户枢不蠹”的保健名言。所以她特别注意形体的锻炼，她的锻炼方法主要是练习八段锦，在每天清晨起床后她都会练习一遍，其次是按摩，那也是她生活中必不可少的活动项目。

同时她还格外重视美容养颜，每天晚上临睡前她都必须用蛋清敷脸，清早起来又使用美容白雪膜让面部防皱增白。梳头前后，还要施以特制的香发散，使头发不白不落。尽管年纪已经很大了，但是慈禧太后依然有一

♦ 长春宫戏台

头美丽的长发，乌黑柔亮。

慈禧总是先梳头后洗脸，她就像年轻的女孩一样精心打扮，如果为她梳头的太监梳得不合适，她就会像小姑娘一样大呼小叫。她还有几十种瓶瓶罐罐，装满了各种香水和香粉，还有很多香皂，洗完脸她一般先拿一块软毛巾轻轻擦干，然后再洒上用蜂蜜和花瓣制成的花露水，扑上一种味道浓郁的粉红色香粉。

慈禧曾对德龄说，像她这么大年纪了，还煞费心思来穿衣打扮，难免让人觉得好笑，不过她就是喜欢打扮得漂漂亮亮的，也喜欢看到别人打扮得漂漂亮亮的。看到穿着靓丽的女孩儿，慈禧总会很高兴，仿佛自己也能随之变得年轻一般。当德龄夸赞慈禧看起来十分年轻且非常漂亮，虽然她们这些姑娘也很年轻，但是却根本无法和她媲美的时候，慈禧会非常的高兴——她很乐于听到别人如此恭维她。

根据德龄的回忆，慈禧太后习惯穿着衣服睡觉，她会先穿上白绸袜子，然后用漂亮的带子在脚踝上扎起来，接着穿上一件柔软的淡粉色的衬衣和

◆宫中母丁香

一件绣着竹叶的丝绸短袍。另外，她从来不让丫鬟、太监或是老妈子碰她的床，她觉得他们脏。所以这些一般都是由御前女官来整理的。慈禧曾告诉德龄和德龄的妹妹容龄，不要认为身为御前女官来做仆人的活儿有多不舒服，按慈禧当时的年纪，完全可以当她们的祖母，所以慈禧说她们为她做点儿事是应该的。由此可见慈禧确实有慈爱的一面。她还给了姐妹俩特权，说轮到她们整理的时候，她俩不用自己动手，可以去指挥别人。

慈禧的寝殿有炕有床，太后睡觉所用的炕也不怎么特别，只是下面铺的软褥比普通的要厚一些。她还有一个奇怪的枕头，长约 12 寸，上面有一个 3 寸见方的小洞，洞里塞上干花瓣。据说有一次侍卫抓住了一个偷袭颐和园妄图加害慈禧的人，从那之后，慈禧就提高了警惕，不仅增加了侍卫，还把枕头改成了这个样子。她认为，这样可以使她在睡觉的时候，也能够察觉到附近的声响，便于防范。德龄曾亲自躺上去试过，觉得这个枕头上的小窟窿，确有几分扬声筒的功效。

现在有句俗话，“女人的衣柜里永远少一件衣服”，慈禧也不例外，她储备的服饰也有很多。据德龄讲，当年慈禧乘车出游时，还专门配置了一节车厢用来装运衣服，其实她并没有准备在那边耽搁太久，因此所带的衣

◆ 储秀宫东暖阁

◆ 储秀宫内景

♦ 长春宫戏台清心静境

♦ 鸟瞰西六宫

服也只是晚春时适用的衣服，但这已足以让她的御前女官裕德龄惊叹不已了。而且那些衣服的精致和美丽几乎使人目为之炫，神为之夺，满眼一片堪比彩云的锦绣，无法对之细细鉴别，因为它们委实太多、太华丽了。

估计衣服应该有两千件，鞋子虽然不算多，但也有三四十双，因为慈禧太后走路的时候很少，所以一双新鞋可以穿五六天。但是衣服则完全不同，因为数量如此之多，所以慈禧可以随时更换，但因为实在太多，她即使每天换上两三次，仍然有许多衣服永远也穿不到。而且慈禧身高中等偏矮，喜欢穿高跟的鞋，有的鞋跟高达6英寸。她有一款举行大典时才穿的绣花鞋，鞋底就更高了，鞋子四周都缀有小珍珠串，如同穗子一样，精美华贵。可见，慈禧在穿衣打扮这方面，也是非常的豪奢。

知识链接

某一次慈禧刚刚穿戴好，光绪皇帝就进来请安。当时他跪在慈禧面前对她说，亲阿玛吉祥。阿玛就是父亲的意思，慈禧让光绪这样称呼她，显然是十分奇怪的。而不光是要求光绪，对待德龄等人，慈禧也一直要求她们用称呼男性的方式来称呼她，这不过是慈禧诸多怪癖当中的一个而已。由此也可以看出，慈禧希望自己的地位等同于男人。

饮食铺张

慈禧在饮食方面也是非常讲究的，但是她到底喜欢吃什么却始终没有准确的答案。一位名叫张德福的老太监评价慈禧，说她思虑比山高比海深——这当然是奉承话。不过，他称自从由烟波致爽殿伺候老太后以来，前后四十多年，始终也不知道老太后究竟爱吃什么。今天爱吃的是各督抚进贡来的贡菜，明天也许偏要吃寿膳房菜谱上的例菜，到了后天也许爱吃应时当令的时鲜菜。从中不难看出，慈禧在吃的方面喜欢花样翻新，反对偏食。

慈禧太后用膳跟皇帝几乎毫无二致，每天有两顿正餐，按照规定要上100道不同的正菜；另有两次小吃，至少也有20碗菜——通常总数是在40 ~ 50碗左右。

据德龄介绍，慈禧乘坐火车出游那次，临时御膳房即占据了四节车厢，其中一节车厢还装着50座炉灶，每座炉灶只负责做两种菜，共需要厨师100名，这还不包括杂役。

慈禧每餐备正菜100种，糕点、水果、糖食、干果100种，用餐时，这些全都由慈禧一个人坐着独享。有时慈禧会命令身边的女官德龄等陪她同吃，但她们也只能站着吃。这么多道菜，除了靠近的几种，其他的菜慈禧都很少动。如果慈禧看上了比较远的某一种菜，就会吩咐伺膳的太监端到她近前来。一顿饭下来，慈禧品尝过的菜品至多不会超过四品，那么剩

♦ 长春宫宝座

下的菜就会在她用餐完毕时一齐撤下，这些菜会被当即扔掉，或者由女官、宫女、高级太监等依次取食。其中十有八九还是完完整整的，就如同供奉祖先后撤下来的祭菜一样。

除了用餐豪奢，慈禧在饮茶方面也很讲求雅致。她喜欢喝花茶，达到嗜茶成癖的地步，特别讲究。她泡茶的水是当天从玉泉山运来的泉水，所饮的花茶也不是经过火焙的茉莉、玫瑰，而是刚采摘的鲜花，掺入干茶里再泡入茶盅，饮起来既有茶香又有花香。

而且她饮茶所用的是白玉茶杯，要在金茶托上放上三盏白玉杯，中间是茶，两边是花。由两名太监双手将茶托奉至慈禧面前，口呼："老佛爷，品茗了。"慈禧这才开始饮用。

慈禧贴身的宫女和太监在回忆录里说，慈禧也并非那么不近情理，他们都认为她是很虔诚的佛教徒，并且会经常赏赐一些食物、珍宝、脂粉给他们。若是逢年过节，还会格外开恩赏假让他们回家省亲。慈禧特别爱逛颐和园，高兴的时候会手舞足蹈，现场看戏时也像个孩子。因她不喜欢烧香，所以屋内常年散发的是果香。

但慈禧令人恐惧的一面也不容忽视。她在老年患上了颜面肌抽搐症。这对于爱美成魔的她来说，这是一大痛事，所以只要有人多看她一眼，就会挨板子。此外还有逼死珍妃这样的事情，提及都会让人不寒而栗。所以说慈禧这个人当真是一半是冰，一半是火。

然而，慈禧身为咸丰帝的懿贵妃、同治帝的生母、光绪帝的养母和姨母，曾先后两次垂帘听政，是中国清朝末期长达47年的统治者，这并不是偶然的。当时中国人的平均寿命只有38岁，而慈禧不但活到了74岁，还一直保持着年轻明快、愉悦乐观的心态和健康有活力的身体，不难想到，跟她能够品味生活、讲究品质不无关系。

第四章
魂归黄土

作为晚清的实际统治者，慈禧如何安排自己的身后大事？

生活奢靡的慈禧，下葬时都陪葬了哪些珍宝？

慈禧陵寝因何被盗？地宫中的海量珍宝都流落何方？

》》》

♦ 凤引龙追

◎ 生前权重死后奢华

慈禧太后的定东陵已经建成一百多年了，但现在依然富丽堂皇，众多的地面建筑让这里完全没有坟地的气息，“堪比阴间房地产”。其中曾经埋藏着数之不尽的珍宝，也正是因为这样，使慈禧地宫招来了被盗的厄运。

那么，慈禧作为晚清王朝实际上的最高统治者，是怎么隆重安排自己的身后事的呢？独揽近半个世纪皇权、生活上极其奢靡的她，下葬的时候都带去了哪些奇珍异宝呢？就让我们去一探慈禧身后那些不为人知的真实往事。

♦ “凤压龙”柱头

越祖建陵

同治五年（1866），咸丰帝的定陵完工。按照清朝祖制，咸丰的两位皇后慈安、慈禧的陵墓只能在咸丰的定陵附近选址，并且只能建一座皇后陵。当时就定下给两位皇太后建一座陵，棺椁并排奉安。

但是慈禧可不是这么好应付的，她看了奏折之后十分生气，认为两个太后不可以同放在一个陵墓中——即使是妃子死后都有属于自己的地方，这种安排明摆着是欺负她和慈安。负责建陵的大臣们只好提出，仿照双妃园寝的样子，在陵的后院东西并排分别修建宝顶，在宝顶下面修建地宫。

然而这回慈禧仍然不依不饶，她和慈安两位为太后而非太妃，这成了她逼问大臣的理由，她的意思就是应该给她们一人建一陵。虽然这是在明摆着地破坏祖制家法，但在她的强权威严之下，无人敢不从。

于是，同治十二年（1873）三月初九清明节，18 岁的同治帝在前往定陵为父亲咸丰帝祭祀后，顺便来到了附近的平顶山和普陀山查看风水。随后，十五日便将平顶山改名为普祥峪，将其定为慈安的万年吉地，而普陀

♦ 定东陵鸟瞰

◆ 慈禧陵配殿金龙和玺彩画

山则改名为菩陀峪，也就是后来慈禧的定东陵所在地。这两座陵寝于当年的八月同时动工，光绪五年（1879）六月同时完工，前后耗时六年，更耗费白银500万两。

原本，慈禧与慈安的这两座陵的建制是一模一样的。但是在慈安死后，光绪二十一年（1895）八月，东陵守护大臣为讨好慈禧，上奏朝廷说，慈禧陵因连年雨水，多有糟朽，急需修整。此后，慈禧陵的三座大殿是拆了建，建了拆，拆了再建，一来二去，其豪华程度竟然超过了紫禁城。

当时，慈禧任命亲信庆亲王和兵部尚书荣禄为承办大臣，结果在慈禧的授意和他们的执行下，陵内建筑无一不修，大殿和东西配殿都是从原来的揭瓦维修改为拆后重建。此番大修工程浩大，到光绪二十五年（1899）已经拨款150万两，此后又花了多少钱，到今天仍旧是个谜。其间八国联军侵华，工程被迫停顿，但慈禧回京后，她还再次来到工地，亲自检查工程，可见对于自己的陵寝，她不是一般的关注。

慈禧太后不仅生前视权如命，追求精致奢华，对死后的事儿也是绝不

◆ 清东陵图

含糊。她的定东陵中，仅 3 座大殿用的叶子金就达到了 4592 两。陵内的丹陛石为高浮雕加透雕技法雕成，图案为龙在下，凤在上。隆恩殿周围的 69 块汉白玉板，处处雕成了“凤引龙追”，76 根望柱的头部，更打破了历史上常规的一龙一凤的格式，全部都是“一凤压两龙”，暗示着慈禧两度垂帘听政。

奢华寿衣

1908 年十月十八日，屡次改建的定东陵，历时 13 年后完工备用，极具戏剧意味的是，4 天以后，也就是十月二十二日未时三刻，慈禧终于黯淡了她 74 年的人生辉煌，心满意足地驾鹤西去。

当天下午 4 点 30 分，掌仪司首领太监用鹅黄吉祥轿，将慈禧的遗体从西苑仪鸾殿抬出，于 5 点 15 分到达皇极殿，将她安放在回床上。

早前便有汉朝人“事死如奉生”的传统，几千年之后的老佛爷，依旧在传承这个传统。慈禧生前有很多华丽昂贵的衣服，在她死后是必定要全

◆《御书陀罗尼经》清乾隆年墨笔写本

部烧掉的。而她死后穿的衣服，也是极其重要的，她还没死的时候，就已经开始筹划设计自己的百年寿衣了。她委托江宁织造和苏州织造，为自己准备了三件寿衣，两件是袍子，一套是上下合体的衣服。那两件袍子的其中一件，是她死后穿在最外面的，制作十分考究。

按理说，慈禧手握大权，借此将自己的寿衣捯饬得奢华点儿也无可厚非，但她却无所顾忌地把自己放在了与皇帝齐平的位置上。她曾吩咐工匠们，按照皇帝龙袍的做法，在她自己袍子的各个部位都绣上“十二章”。“十二章”是只有封建帝王才能在服饰上绣出的图案，皇后和皇太后都没有资格用。可是在慈禧的陀罗尼经被上和寿衣上却大量地绣有“十二章”图案，表明她在生前真的是大胆地把自己置于了与皇帝等同之位。

不仅如此，慈禧的这件寿衣还有一个连帝王都没有的特色，就是上面绣了好多“佛”字。仅这一点就可以说，这件寿衣绝对是天底下独一无二的。这还不算稀奇，在此寿衣的很多地方还缝缀了大珍珠，堪称价值连城。

而慈禧最里面那件寿衣也是极为特别，其为合身而成的两件，上衣绣满“福”字，下衣则绣满“寿”字，上下衣组合则是福寿的珠联璧合，并且每个字上面又分别缝缀了一个大的珍珠，可见慈禧的设计不光注重华美，

◆ 陀罗尼经织品

还十分有创意。假如拿到现在，恐怕一众顶级的时装设计师与她相比也难以望其项背。

然而，更有特色的还要属慈禧的盖尸被。这床被还有一个特别拗口难记的名字，叫陀罗尼经被，这又是一件价值连城的宝贝。所谓陀罗尼经，就是一种密宗佛教的经咒，据说盖上这种经被可以让死者尽快得到超度，进入西方的极乐世界。

慈禧的这床经被尺寸很大，约三米见方。为明黄缎子质地，是用捻金线织成的。且经被上面的经文也不是写的，而是织上去的，工艺极其复杂。同时上面织满了图案和文字，图案有佛像、十二章、佛塔等，还有大小不等的汉字两万多个。

最惹人注目的还是这件经被上面同样缀满了大珍珠，总数达到 820 粒，华美至极。当时就有人估算过，光是这些珍珠的价值就达白银 16 万两。

这件经被出自江宁织造局，从同治八年（1869）开工一直到同治十年（1871）完工，耗时整整三年才将其完成。它的制作的工艺和过程被记录在了中国第一历史档案馆的江宁织局花本册中。

♦ 宣统元年（1909）贡入的陀罗经被

知识链接

“十二章”为古代天子之服绘绣的12种图像，衣绘日、月、星辰、山、龙、华虫称上六章；裳绣宗彝、藻、火、粉米、黼、黻称下六章。其中日、月、星辰、山，代表的是大自然的万事万物，表明皇帝拥有大自然，拥有天下；华虫则代表皇帝文采昭著；火代表光明磊落；宗彝是一种神器；那么这个黼，实则是一种斧头的图案，代表皇帝能够果敢任事，判事果断，有明辨是非的本领。结合十二章这种图案的内涵，可以看出只有封建帝王才能具有这样的地位和品质，所以十二章是非同寻常的。

棺椁贵重

无论生前还是死后，慈禧太后的穿戴和用品，皆为盖世无双，包括她的棺材，也是大有文章。它有以下三个特点。第一个特点就是用材珍贵，采用了弥足珍贵的金丝楠木。金丝楠木的采伐十分困难，因为它生长在南方的深山密林里面，所以从采到运，都相当的不容易。据知情人说，“进去一千，出来五百”，意思就是1000个人进去采伐木材，最后只能活着出来500人，可见采伐过程的艰难。这些采伐者在采伐木材之前，在家里面想必都是要和家人做好生离死别的准备的。这种用生命采伐出来的木材，其珍贵程度可想而知。

慈禧棺材的第二个特点，就是形制很独特。这个棺材的形制被称为“旗材”，和“汉材”是有所区别的。首先它的形状与通常所见的平顶不同，其棺材盖中间是隆起的，如同屋脊。棺头还有一个葫芦。在关外的时候，满人时兴火化，就利用到了葫芦的用途。活着的人会在葫芦的腰部挂上一个整雕，因为雕是很珍贵的动物，所以用此来为死者祭奠，据说把棺材和雕整个烧掉，会让死者收集到这些珍贵的东西。

但是入关之后，无论是雕还是葫芦，都成为一种形式，并无实际意义。不过，慈禧棺材上的这个葫芦下面就是她的头部的位置，也就是说慈禧是头北脚南。她的头正对准葫芦，在出殡的时候就把葫芦向着北方即可，所以这个葫芦有了这方面的意义。

♦ 慈禧棺椁

第三个特点，就是这口棺材是由两层构成的，外为椁，内为棺。且在外棺之上还要一层一层地漆饰，一共漆满七七四十九道漆，极为烦琐。至于内棺，在棺材的四壁之上雕刻有各种各样的经文咒语，这些咒语的作用，同样是为了保佑慈禧的亡灵和尸体。

屡填金井

慈禧陵寝不止按照帝王的规格修建，很多细节甚至超越了帝王陵寝的标准。在慈禧的陵寝当中，这个金井也是很值得一提的——据说在陵寝的金井之中投入珍贵的宝物可以达到镇墓的作用。

其实金井就是穴位，是棺材压住的地方，它之所以被叫作金井，必然是因为它的作用至关重要，传说它可以沟通阴阳，具有深不可测的力量，价值堪比黄金。

为了防止将来自己的陵墓被盗，慈禧首先想到了金井这个关键的地方。于是她在里面投放了大量的珍宝，用以镇墓，以防不测。

慈禧生前共向她的金井中投放了6批珍宝，而且前几次都是亲自投放，这样她才放心。在一份重要的档案《菩陀峪金井安放账》中有关于此事的记载：

慈禧第一次投放珍宝是在光绪五年（1879）清明节。那一年她45岁。当天，她把自己的儿子安葬在了惠陵，心情十分烦乱，于是她想起了自己的陵寝，就前往并亲自向金井中投放了一批宝物：有一副金镯子和一副绿玉佩。

第二次是光绪十二年（1886）清明节，慈禧亲临金井投宝。这一年是慈禧十分郁闷的一年，因为16岁的光绪就要亲政了，这意味着她就要把权力交付出去了，所以她再次在清明节这天亲自向她的金井之中投放了珍宝。

第三次是在光绪十六年（1890）清明节。这一年实在是太特殊了，当时，光绪帝刚刚举行了亲政典礼，站在紫禁城太和殿上的光绪意气风发——那是别人科举的终点，却是他梦想的起点，他的梦想就是以天下为己任，但是这让慈禧明显感到了权力的危机。更重要的是，一直对自己忠心耿耿的醇亲王奕譞在这一年病死了。他不仅是光绪的父亲，还是自己的亲妹夫，所以慈禧心里很烦躁，又想起了自己的金井。于是在清明节这天，她亲自前往陵寝投宝，这批宝贝中有一件不同寻常——可以说是慈禧最喜

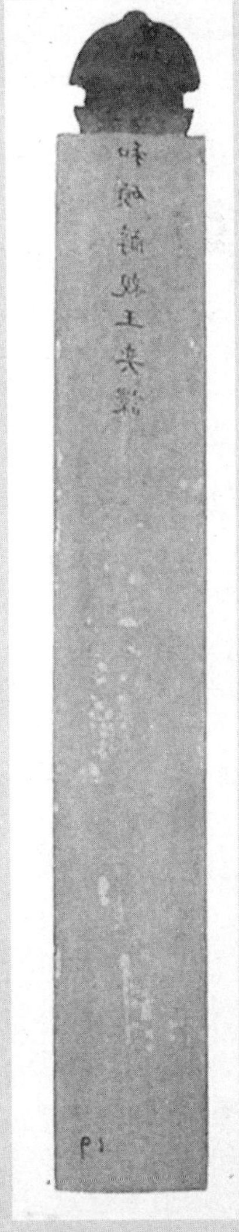

♦ 醇亲王奕譞红头签

爱的宝贝，档案记载这是一个珍珠手串。

该手串上镶有18颗大珍珠，4颗小珍珠，上面镶嵌着各种各样的宝石，有红碧玺、绿玉、珊瑚、茄珠等，慈禧一直将之戴在手腕上。她能够把这件宝贝摘下来，投放在金井里，是十分心疼的，所以在8年后还发生了意想不到的、将之取出的事件。

从此以后，慈禧足足有12年没有再向自己的金井中投放过宝贝，这其中有两个原因：一是这段时间她与光绪帝的较量进入胶着的状态，光绪帝一心想改革，慈禧对此十分不安。帝党和后党之争趋于白热化，慈禧下令捉拿维新党，彻底捣毁新政，在这场对决中最终获得胜利，使得变法被扼杀。但就是因此，还让慈禧经历了一次最艰难的西逃之旅。从那之后，慈禧就又想废掉光绪帝，另立大阿哥，一直忙碌着。二是她的陵寝当时正在被拆毁，重新修建，她不想把珍宝拿去，因为那时候那里是一片繁忙的工地。

第四次是光绪二十八年（1902）清明节，已经68岁的慈禧再次想起了她的金井。这是她生前最后一次来到自己的陵寝，所以对慈禧来讲这一次的意义不同往常。自光绪二十一年（1895）慈禧陵重新修建开始，她还没有来过。虽然这一次她来的时候，工程还远远没有结束，但是她也想看看

◆ 光绪

◆ 隆裕

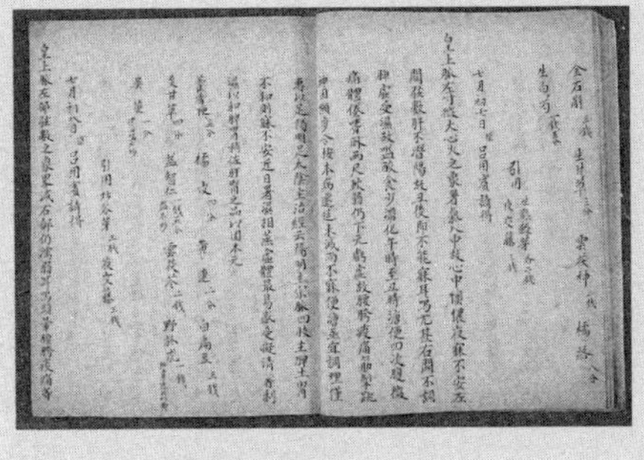

♦ 光绪帝用药底簿

♦ 光绪帝软禁处——中南海瀛台涵元殿

到底建成了什么样子。在视察完之后，慈禧走向她的地宫金井，又一次向井里投放了宝贝。

慈禧金井第五次被投入宝贝，是在光绪三十四年（1908）的十月十二日，也就是慈禧死前 10 天，她当时派出了庆亲王奕劻去金井前为她投宝。大概是因为慈禧刚过完她的 74 岁生日就一直拉肚子，而她对自己的身体情况肯定也有所预感，所以关于将来的安排，她就开始抓紧布局了。在还来得及的时候，她赶紧再次关注了自己的金井，特地派奕劻前去投放了 10 件宝贝。

实际上慈禧这次是一石二鸟，她不单单是想让奕劻帮她往金井中投宝，最主要的目的是调虎离山。因为她预感到自己将不久于人世，就趁机将狡猾的奕劻调出了京城，山雨欲来之时免得他这只老虎在这个时候兴风作浪，使得大权旁落。清代通史记载“或曰有意出之”，说的就是这件事。

在慈禧死前 7 天，她的金井迎来了第六次投宝。这一次她派出的是内务府的大臣，由他们去到定东陵向金井中投放了珍宝。

在这第五次和第六次投宝中，慈禧借他人之手投放的宝物基本上都是佛珠和佛像，把小小的金井都给塞满了，这才让慈禧彻底放心——因为这些宝贝都是自己精挑细选的。当时的她可能满心天真地认为，拿它们来镇墓，将来陵寝就能吉祥平安，免遭到盗掘的灾难。

海量葬品

慈禧死后，她的心腹太监李莲英参加了慈禧棺中葬宝的仪式，按照她生前的吩咐，将事先准备好的大量陪葬品放入了慈禧的棺椁里。一切按照老佛爷生前的旨意做好之后，李莲英就完成了自己最后的使命，就此结束了自己长达52年的宫廷生涯。

在李莲英临死之前，他突然叫来了自己的侄子，由他本人口述、侄子执笔，一口气写下了一本《爱月轩笔记》。

据《爱月轩笔记》记载，慈禧的尸体在入棺前，先在其棺底铺上了三层金丝串珠锦褥和一层珍珠，共厚一尺。然后在慈禧的头部上首盖翡翠荷叶，脚下置粉红碧玺莲花，并且头戴珍珠凤冠，冠上最大的一颗珍珠大如鸡卵，价值1000两白银。接着又在慈禧的身旁放置了金、宝石、玉、翠雕佛爷27尊，脚下两边各放上翡翠西瓜、甜瓜、白菜，还有宝石制成的桃、李、杏、枣200多枚，身左放上玉石莲花，身右放玉雕珊瑚树。此外还有

◆ 李莲英

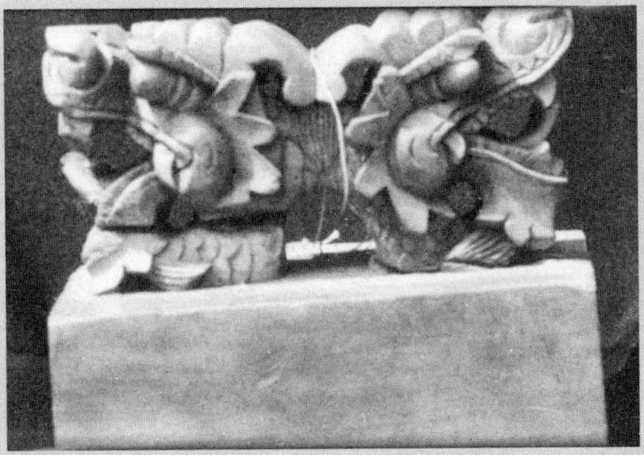

♦ 慈禧地宫陪葬品

♦ 慈禧“福”字寿衣

玉石骏马8尊、玉石十八罗汉，共计700多件。葬殓完毕又倒入4升珍珠和2200块宝石，这才彻底结束填棺。

据说，光是慈禧棺椁内的珍宝就价值5000万两白银，堪称世界之最。这位曾经不可一世的“准皇帝”，简直是构建了一座“地下紫禁城”，而在她入住这座地下宫殿前后，一定还有着一些鲜为人知的细节。慈禧太后生前手握大权，死后奢华不减，在她身上实在有着太多吸引我们去解开的谜。

◎ 超越皇帝的地下宫殿

慈禧太后，晚清实际上的最高统治者，无名无分地统治了中国达半个世纪。尽管中外史学界对她褒贬不一，但对于她生前的奢靡生活，正史当中着实记载翔实。

有人算过一笔账，慈禧一天的生活费是纹银4万两，宫廷一个月的生活费就能够买两艘“吉野号”战舰。当时晚清王朝已经是风雨飘摇，国库空虚，内忧外患，国难当头，然而慈禧依旧固执自私地享受着“一顿饭够百姓穿十年衣”的奢华生活。

当北洋海军被打得屁滚尿流时，不知慈禧当时又作何感想。就连临死时，她也没有对她腐朽的思想进行过反思，反而恨不得把整个紫禁城都带进她的地宫。

据李莲英口述的《爱月轩笔记》披露，慈禧棺椁内的珍宝价值5000万两白银，堪称世界之最。那么这位曾经不可一世的“准皇帝”的“地下紫禁城”是怎么构建起来的？在她入住这座地下宫殿前后又有哪些鲜为人知的细节呢？

重建陵寝

陵寝建成后，慈禧并不满意。原因是工程完工后，她和慈安二人的陵花费不等，也就是说在她的陵寝上花的钱少了，她感到不公平。可是人家慈安是大清门抬进来的正宫娘娘，在理论上慈禧的身份肯定要比慈安低很多，因此花在她的陵寝上的银子比慈安少了近40万两。但是，慈安陵用

♦ 慈安陵前景

♦ 定东陵雪景

♦ 慈禧陵方城明楼

银266万两，慈禧陵用银227万两，两座陵合计用银500万两，这已经堪称清代帝后陵寝花费之最了。

那么，两个陵寝的差异到底在哪里呢？原来慈安陵所用的木料大部分是国产楠木，价格较高。

另外，慈安陵还比慈禧陵多了一段神道，用意就是要和咸丰的定陵连接，说白了就是要体现出他们俩是正牌夫妻。所以慈禧就没有资格建神道，以至于她认为自己最终还是输给了慈安。

不过对于慈禧来说，这件事是有转机的。光绪七年（1881）慈安暴亡，死因不明，这不仅是一宗历史谜案，还将挡在慈禧面前的最大障碍消除了——慈禧终于可以独揽大权了，这让她的陵寝重建就变得容易了。

光绪二十一年（1895），东陵守护大臣呈上一份奏折，内容描述了慈禧陵寝的现状，说其出现了渗漏、风化、瓦爆釉、彩画脱落等问题。按理说，得知自己的陵寝出现这些现象，慈禧应该伤心才对，可是相反，她心里却乐开了花。为什么呢？因为本来慈禧就对自己的陵墓有所不满，这回她已经手握权力，并且还有了一个送上门的借口，此时不重修陵寝更待何时啊？

于是她马上派奕劻、荣禄这两个心腹大臣去东陵。这两个人是有名的马屁精，他们很会揣摩慈禧的心思。对于这件事的处理方法，他们的决定绝对是出人意料的——他们打算拆除陵寝，重新修建。

其实中国古代的建筑大多是由砖、瓦、木、石建成的，出现风化的情况很正常，不仅是慈禧的，其他的陵寝也都是这样，甚至风化得更严重，难道都要拆除重建吗？然而这种奏请虽然离谱，但却是正猜中了慈禧的心思。折子一上，她当即就批准了，所以慈禧陵寝就开始了大肆的拆除重建。

奢华建筑

慈禧太后的陵寝重修之后，各方面都变得十分奢华。根据档案记载，当时的承修大臣荣禄等，曾上奏给慈禧一篇奏折，里面说到了慈禧陵的大殿隆恩殿的用料问题。在奏折中，荣禄谏言改用黄花梨木。

♦ 慈禧陵丹陛石

◆ 慈禧陵金龙盘玉柱

其实这是非常僭越的一种想法，还从来没有人敢于在建大殿时使用这种木料。因为这种黄花梨木是明清时期皇家做高档家具用的，民间绝少能够见到。所以对于在建造房子、大殿时用黄花梨木这样的想法，荣禄等人虽明知是非常大胆的逾越之举，但他们认为这个折子呈上去之后，慈禧看到一定会格外高兴、异常满意，并且对他们大加赞扬。

可是他们没有想到的是，慈禧满意归满意，却并不满足。她说既然大殿使用了黄花梨木，那么东西配殿也应该与之统一规格，使用黄花梨木。这让荣禄等人大为吃惊，本来大殿使用这种高档木料已经是十分大胆的僭越行为了，没想到慈禧要求把两个配殿也一并用其来进行改造。

用这种黄花梨木建造的慈禧陵大殿，可以说是花费巨大。根据记载我们可以看到，光绪二十五年（1899），整个陵寝重修耗费掉的银子是150万两。当时距离竣工还有9年的时间，虽然后来又用了多少银两档案没有记载，我们无从知晓，但是完全可以想象，这绝不会是一般的数目。

另外，慈禧陵的彩画是新颖而独特的。她的三殿彩画全部改用了等级最高的金龙合玺彩画，这些彩画根本不需要披麻抹灰等传统工序，而是利

♦ 龙立体感超强，形象逼真

♦ 西华门

用木质本色直接沥粉贴金，全部采用金色。这种别具一格的彩画在清代陵寝中唯慈禧陵所独有。

慈禧陵中的建筑更是与众不同，其中的金龙盘玉柱，使得慈禧陵三殿流光溢彩。在皇家建筑中等级最高、规模最大的北京故宫太和殿上，只有6根柱子上有盘龙，并且沥粉贴金。但在慈禧陵中，三殿总共有64根明柱上全部盘绕着半立体的镀金铜龙，而且每个龙头都装有弹簧，借助空气的流动，龙须可以自行摆动，形象栩栩如生。

而且慈禧还颠覆祖制地采用了凤在上、龙在下的丹陛石，以及隆恩殿周围的汉白玉石栏板也全部雕刻成了“凤引龙追”的形式，暗示着慈禧太后生前权力之大，皇帝都得跟在她的后面，听从她的安排。

尤其是76根望柱，还打破了历史上一龙一凤的格式，而是将望柱头雕刻成凤，龙则改雕在柱身之上，柱身两侧各一条，形成了“一凤压两龙”的格局，暗指慈禧太后生前曾两度垂帘听政。

慈禧陵的这些石雕不仅显示出晚清女主当政的鲜明时代特征，其雕刻工艺也是堪称一绝。例如，隆恩殿殿前的御路石，玲珑剔透，当之无愧为石雕中的精品。它仍然使用了凤在上、龙在下的布局，而且雕刻工艺还采用了更为高超的高浮雕加透雕的手法。在龙的腿、尾、须部和凤的嘴、冠、角部有10处透雕，立体感超强，形象更为逼真，令人叹为观止。

慈禧如此在陵寝处处炫耀自己生前的辉煌，无疑是亲手为自己的陵寝被盗埋下了祸根。

超长谥号

慈禧归天之后，是由光绪帝的皇后，也就是隆裕皇后主持为她的姑姑慈禧上谥号的。慈禧的谥号非常奇怪，为“孝钦慈禧端佑康颐昭豫庄诚寿恭钦献崇熙配天兴圣显皇后”，总字数居然达到了22个字。

《宣统政纪》对此有所记载，朝廷在做这件事之前做出了冠冕堂皇的解释：

大行太皇太后功德昭著，震古烁今。现查《会典》所载后谥崇隆而又切合字样未用者，已属无多，应于《会典》帝谥字样内参酌选择，敬谨恭拟。

♦ 慈禧陵谥号碑

意思是说，慈禧太后功德太大，要在皇帝所用的谥号里面选择字样。

但是按照规定，皇后的谥号在开始只有 12 个字，然后给她的儿子和孙子各留一个机会，让他们分别孝敬两个字，总共加起来最多不能超过 16 个字。可是慈禧死后，大臣们居然为她一次性上了 22 个字，可谓前所未有。即使是皇帝死后，谥号也只有 18 个字，然后儿皇帝、孙皇帝再各上两个字，也才达到 22 个字，慈禧这样的谥号显然是逾越了皇帝的做法。而且这个谥号里面，居然出现了两个“钦”字，属于重复，规格高到过于离谱。

当时，在德国考察立宪的大臣于式枚就此提出了反对，他认为这样做不仅对慈安极为不公正，更是有违祖制。但是仅他一人发声，实在是孤掌难鸣，最终这个谥号还是通过了，并且被刻在了神牌和石碑上。

葬礼复杂

关于慈禧陵被盗的讲述有很多，而这位无冕女皇的入葬大礼却很少有人详细描述。经过对此事的深入挖掘可以发现，慈禧葬礼的过程是十分复杂的。

首先是小殓。慈禧去世的时间是光绪三十四年（1908）十月二十二日下午 2 点 45 分，当时她不在紫禁城，而是在西苑的仪鸾殿。在慈禧尸体还没有完全僵硬之时，隆裕皇后便下令为慈禧太后举行了小殓。根据《大行太皇太后升遐纪事档》记载，慈禧小殓的时间是在光绪三十四年（1908）的十月二十二日申正二刻至酉初一刻十分，也就是说在慈禧死后 5 分钟就开始了小殓，前后进行了 55 分钟才完成。

其实小殓就是为慈禧穿寿衣，而在此之前，还要做一件大事，那就是在慈禧的口中放一颗珠子。当时无论在民间还是皇家，都讲究人死后要在嘴里放东西。对此有两个含义：一是晚辈认为，先辈操劳一生，不能做饿死鬼空口而去，所以要放一些东西；另外还有人认为，在死者去世之后，要防止他到另一个世界乱说话，所以就要把舌头压住，以免口舌之灾，所

◆ 皇帝龙袍十二章纹1：日

◆ 皇帝龙袍十二章纹2：月

◆ 皇帝龙袍十二章纹3：星辰

◆ 皇帝龙袍十二章纹4：山

◆ 皇帝龙袍十二章纹5：龙

◆ 皇帝龙袍十二章纹6：华虫

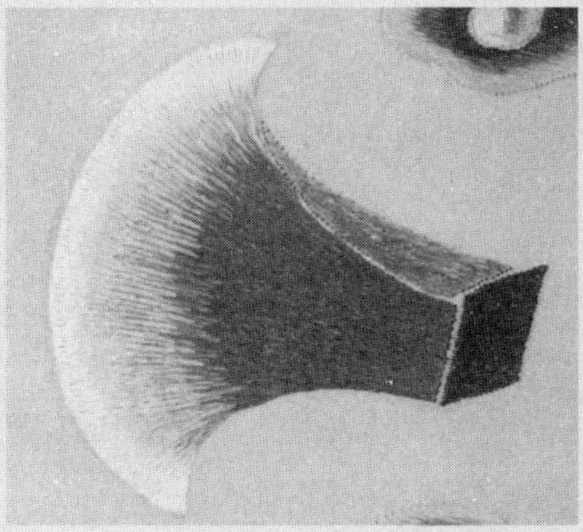

◆ 皇帝龙袍十二章纹7：黼

◆ 皇帝龙袍十二章纹8：黻

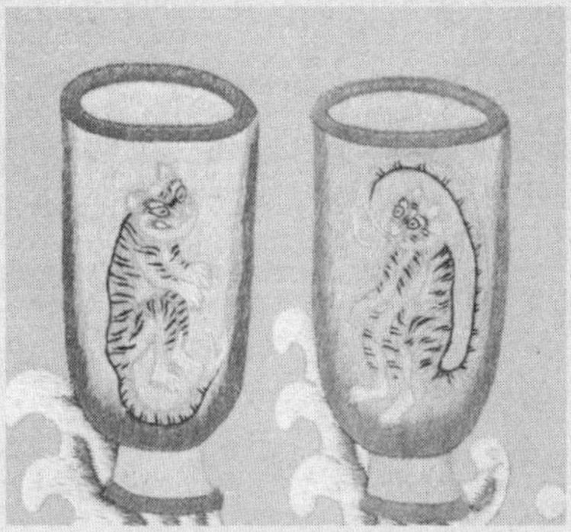

◆ 皇帝龙袍十二章纹9：宗彝

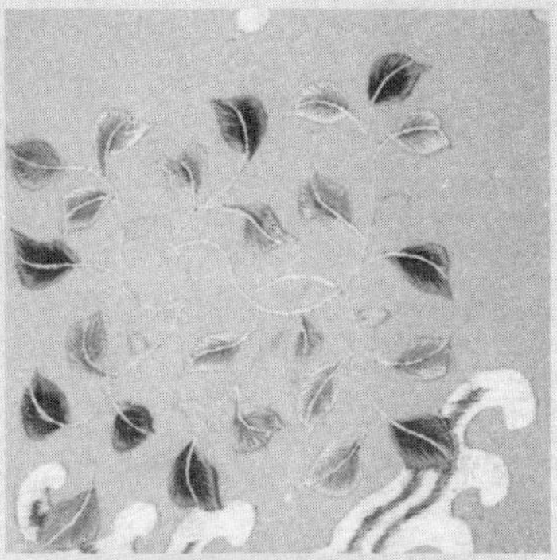

◆ 皇帝龙袍十二章纹10：藻

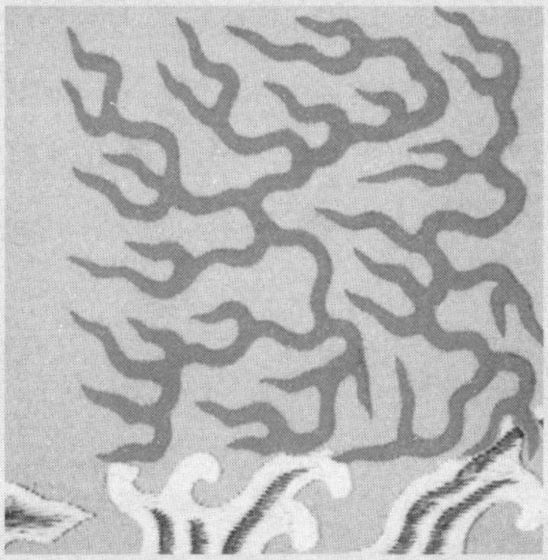

◆ 皇帝龙袍十二章纹11：火

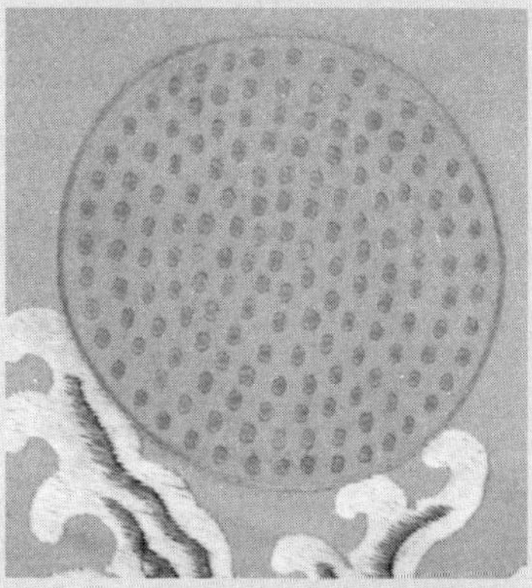

◆ 皇帝龙袍十二章纹12：粉米

以要往嘴里放东西。

在皇宫里面，皇帝通常是用玉蝉来压舌，而后妃用的则是珠子。但是在慈禧这儿，用的可不是一般的珠子，而是一颗大大的夜明珠，这颗夜明珠弥足珍贵，价值连城。

当时，把这颗夜明珠压到慈禧嘴里的时间把握得非常好——就在慈禧刚刚咽气的时候，尸体还没有僵硬。如果尸体僵硬了，死者的牙关是紧闭的，再想放东西就不好办了。所以隆裕皇后就趁这个时候，赶快命人把慈禧的嘴撬开，把珠子压上了。

压好珠子之后，就开始为慈禧穿寿衣了。慈禧的寿衣一共是三层。外面的一层是一件佛字龙袍，也是一件相当珍贵的宝贝，在上面不仅绣着一般的帝后朝服上所没有的“佛”字，而且还绣上了只有皇帝之服才可以绣上的“十二章”图案，同时上面还缀满了大珍珠，所以这件外层寿衣的价值可想而知。

她中间一层的寿衣，就是一个绣有团寿字的长袍子。然后里面那一层是上衣绣“福”、下衣绣“寿”的合体寿衣。这三层寿衣上都缀满了大珍珠，慈禧同时穿上它们，可谓是珠光宝气。然后再给她戴上朝冠，穿上朝靴，慈禧的小殓才算完成。

接下来就是大殓，要把死者装进棺材。当时隆裕命人把慈禧的遗体用一顶吉祥轿带着出了西苑仪鸾殿。令人意想不到的是，她随后竟把慈禧抬到了皇极殿。在等级上，皇极殿高出慈宁宫太多太多，那是当年乾隆爷做太上皇时养老的地方，规制和皇帝停灵的乾清宫一模一样。这种地方隆裕怎么敢用来给自己的姑姑停棺呢？原来这是慈禧临死前的遗嘱，史书上有记载：

孝钦训政四十余年，遗命在皇极殿治丧。

之后，在慈禧的极致豪华的大棺材中，就完成了她的大殓。

在大殓之前，慈禧穿戴华丽的尸体是放在回床之上的，然后由礼部官员和宗室人员把她抬起来请进棺椁之中。在进入棺材之前，还要经过一番布置：要先在棺底铺上一层大珍珠，然后在厚厚的珠子上，又放上一层做工非常精细的荷花褥子，然后在褥子之上再放一层珍珠。

在清代的时候，只有皇家和宗室才有资格使用珍珠，其他人等一律不得随意使用。珍珠在当时被称为正珠，也就是产于东北三江流域的东珠，而在南方产的珠子，被称为湖珠，在清朝却是不值钱的。这种弥足珍贵的正珠，自然只有皇家才可以使用，而且慈禧还把大量的珍珠放进她的棺材之中，可见是何等之奢华。

这个时候，再把慈禧的尸体抬起来，请到棺中的荷花褥子上面，然后再在慈禧的头顶位置放置翡翠荷叶，令尸体脚踩碧玺大莲花，寓意着步步生莲。在佛教里面有一种说法，脚踩莲花能够进入西方极乐世界，这些都是有深刻含义的。

此外，在尸身周围还放置了翡翠西瓜、翡翠白菜、翡翠甜瓜，以及各种各样的用宝石制成的水果，有桃子、李子、杏子、枣等。为免尸体太过孤单空旷，就要填补棺缝，这个时候又用到了珍珠，并且是一升一升地倒入棺中，十分奢侈。

在这些都放置妥当之后，又在慈禧的尸身和珍宝上面盖上了一床被子，这个被子同样是非比寻常之物，名为陀罗尼经被。盖上保佑死者的被子，慈禧的棺材周围还雕刻着四大天王的咒语。对死去的慈禧来讲，这可谓是非常安全了。之后就把内棺封死，再封漆。然后再把外棺钉死。

知识链接

在慈禧大殓的时候，有一个人在旁边始终默默地注视，这个人就是慈禧的总管太监李莲英，他把整个大殓的过程都默默地记在了心里面。放入的珍宝的顺序、种类名称，他都记得非常清楚。并且在出宫之后，他还在临死前将这些讲述给了他的侄子，由他的侄子执笔记录出了一本《爱月轩笔记》。

以上我们所讲的慈禧棺中珍宝，都是来源于这本《爱月轩笔记》。但是这本笔记的真实性却遭到了质疑，部分人认为这个记载不可靠，慈禧的棺材中不会有那么多的珍宝。于是我们同时查阅了《清宫述闻》和孝钦显皇后陵寝的史料，其中很多资料都记载了孝钦显皇后，也就是慈禧太后棺材里面陈列的珍宝的一些情况，可以说和《爱月轩笔记》当中的记载是大相径庭的。

那么究竟哪个是真，哪个是假呢?

后来，慈禧陵发生了盗墓案，是军阀孙殿英所为，他劈棺扬尸，盗走大量珍宝。于是从他所盗宝物中，发现了慈禧口中所含的夜明珠，以及翡翠西瓜、翡翠白菜等，这些东西恰恰和《爱月轩笔记》的记载相吻合，所以我们认为,《爱月轩笔记》的记载是很值得相信的。

壮观出殡

宣统元年（1909）九月二十七日，慈禧停灵一年之后，正式出殡。这个出殡的队伍又是豪华至极，规模之大超乎常人的想象。

首先，走在送葬队伍最前面的是花花绿绿的万民旗和万民伞，有直隶各州县的万民伞，以及恒星、恒源、恒力等商号送的万民伞，还有慈禧在陕西逃难时收到的万民伞，总数共计达到了310柄。

随后就是慈禧生前使用的仪驾一份77件，还有慈禧七十大寿时制作的骑驾一份121件，共计198件，以及各种乐器48件，一并前导，旗幡招展，异常壮观。

紧接仪仗队后的是抬送棺椁的大杠，送葬队伍的第一站是京城，他们先是住在了京城的燕郊，这时用的是80人的大杠；从第二站开始，就用了128人的大杠。每天分为60班轮流抬送，初班、末班都用校尉，其余的用

♦ 慈禧出殡（一）

♦ 慈禧出殡（二）

◆ 慈禧出殡（三）

民夫，据统计慈禧的抬棺人数达到了7920人。此外，跟在棺材后边的是由武装军队组成的护送队伍，真可谓是人山人海、不计其数。

在队伍最后，是1442辆载着皇亲国戚的四套大车，以及205辆载着文武百官的两套轿车，整个车队浩浩荡荡。送葬队伍首尾更是达到了十多千米，如一条长长的巨龙一样向定东陵缓慢进发。如此冗长的送葬队伍，可谓空前绝后。

按照孝钦显皇后大事档记载，慈禧太后是在宣统元年（1909）十月初四被葬入地宫之中的，称之为“奉安大典”。朝廷的所有政要，包括慈禧的亲属，都要来到定东陵参加这一仪式。

这一天，就要把慈禧的大棺材抬入到陵寝之中了。关于抬棺这件事是有几种变化的，分别有128人、80人、32人这几种形式，主要是根据道路的宽窄去改变人数，因为通往慈禧陵寝门的道路比较狭窄，所以就只有32人去抬棺了。此外，在抬棺人的前面，是执灯的太监，起到一个前导开路的作用。

进入地宫的古洞门，需要顺下去两根木制轨道——在档案中称为龙辅车，实际上就是起铁轨的作用。然后把慈禧的棺材放到木轨之上，向下面

♦ 慈禧出殡（四）

缓缓牵引着将其放下去。

棺材被牵下去之后，会落在宝床之上。在宝床上面有一眼井，就是我们提到的金井，它是一个很重要的穴位，慈禧的棺材就是要压在这个穴位之上。慈禧生前在里面放了很多珍宝，一共分六批投入，用以镇墓，防止慈禧的棺材将来被盗掘，其中珍宝的数量也是相当之多的。

慈禧的棺材压住金井，棺材放置平稳之后，众人就要朝慈禧的棺椁行三跪六叩大礼。他们当中包括王公大臣、慈禧的亲人家属，还包括太监，都要跟慈禧做最后的辞别。

行完礼之后，众人再缓缓退出。退出的过程也是小有文章，要先推动第一道石门，然后把第一道石门关上，用自来石自动地将其顶住。然后再退到第二道石门，再把这一道石门也利用自来石自动将门顶住。这两道石门一经关闭，慈禧太后就真正地与世隔绝了。

最后，再将整个地宫的墓道封堵上。慈禧的整个大葬至此终于完成了。

慈禧挖空心思，妄想在死后依旧享受荣华富贵。然而，正是因为她的陵寝聚拢了太多的奇珍异宝，吸引来了贪婪且残暴的盗墓贼，使得原本在地宫中安睡的她，被劈棺抛尸，死后也未能安宁。

◎ 陵寝被盗细节披露

慈禧，这个穷凶极奢的无冕女皇，在下葬的时候，将大量奇珍异宝带入了地宫之中。而且她的陵寝多次修建，足足历时13年才完工，极尽奢华壮丽。然而，这位老佛爷做梦也想不到，在地宫中已经安睡了近20年的她，竟然遭到了盗墓者的打扰，最后落得个被人劈棺抛尸的下场。

那么，是谁第一个盗掘了慈禧的陵墓？在盗掘的过程中，他们是如何的贪婪与残暴？慈禧地宫中的海量珍宝，最后流落何方？这其中的细枝末节还需我们逐步揭晓。

盗墓动机

慈禧的陵寝坐落在河北遵化的清东陵，20世纪20年代时局动荡，社会上各处流传说慈禧的陵寝里随葬了大量的稀世珍宝，由此，危险就一步步地向慈禧陵接近了。

♦ 被盗之前的慈禧陵老照片

1928年春，清东陵内发生了第一起掘坟盗宝案，一伙土匪潜入惠陵的妃园寝，肆无忌惮地掘开了其中一座地宫，不仅掠走了全部的殉葬品，更毁棺抛尸，使尸体凄凉地暴尸棺外。

开启了第一座地宫便会有第二座，之后很多人便跃跃欲试，想盗掘最富有的慈禧陵。

其中驻扎在蓟县的国民革命军十二军，早已对慈禧陵虎视眈眈。十二军是孙殿英的部队，驻扎在离东陵很近的马伸桥，所以他们听到不少关于慈禧陵内葬有大量珍宝的传闻，更看到那些守陵人从陵寝内运出珍宝，用大车送往北京变卖。

所见所闻已经让孙殿英心痒难耐，最重要的是，他还听到了一个极富挑战性的消息，那就是一个大土匪头子马福田，自称是“东陵之王”，放话东陵的宝贝全都归他所有，他人勿动，这一番言论深深地刺激到了孙殿英。

◆朱砂碑

孙殿英盗墓还有另外一个原因，那就是他当时已处于穷途末路。那一年正是军阀混战、国穷如洗、民不聊生的慌乱年月，因为孙殿英部队是不属于国民党正规军的杂牌军，所以得不到蒋介石的关照，甚至遭到克扣粮饷。军队无钱无粮，上下军心浮动，常有开小差的事情发生。这种情况再发展下去，恐怕有哗变的危险。所以在这一严峻的形势下，面对富有的慈禧陵以及嚣张的马福田，孙殿英再也沉不住气了。于是他便以“剿匪为名”，实施了盗陵计划。

在剿匪的过程中，孙殿英的兵力全面占优，却仍然让马福田逃脱了，并且死伤了许多的弟兄，对此他十分不满意。同时，他借机为盗陵找到了一个完美的借口。孙殿英当时称，据可靠消息，马福田就躲在东陵附近，所以他下令全面封锁东陵，以东陵为中心，进行一次为期三天的军事演习，为免误伤村民，演习期间没有他的批准，整个东陵区严禁进出。

知识链接

慈禧的陵寝之所以十分吸引人，与她生前铺张豪奢有很大关系。据记载，慈禧太后在准备六十大寿的时候，要仿照乾隆爷为其母亲举办七十大寿寿宴的规模去办。一本名为《藏园群书题记》的书对此有所统计，上面说老佛爷的这个生日大约耗费了700万两银子。其间连宫女太监都要上贡银子，供桌更是从京城一直摆到了颐和园，总计消耗红绸缎10万匹、红地毯50万尺。然而当时，正值北方在闹饥荒，哀鸿遍野，北京城内正多处设置粥场救济灾民，可人家慈禧的生日宴会却依然涛声依旧，歌舞升平。

入口难寻

以孙殿英为首的一众兵匪，将慈禧陵的地面建筑中的宝物洗劫一空之后，就开始盗掘慈禧的地宫。但是盗掘陵墓得先找到地宫的入口，自古皇家陵墓都有坚实的防盗措施，而且固若金汤。

那么这些兵匪是怎么找到地宫入口的呢?

♦ 慈禧陵地宫被盗后遗存——慈禧尸身上穿着的“佛”字龙袍

♦ 慈禧陵地宫入口

孙殿英部兵匪在行动之初，盗宝心切，急于求成，但是寻找地宫入口是无法逾越的一大难题。皇家陵寝是何其神秘，绝不是那么轻易就能找到入口的，以至于这些兵匪走了很多弯路。

他们甚至单凭在档案上看来的“宝城”这两个字，就在城墙上乱刨一气。其实他们所刨砍的宝城就是一个带垛口的城墙，也被称为女儿墙，可想而知，在这儿怎么可能找得到珍宝？简直成了笑柄。

孙殿英部兵匪首次掘墓无功而返，但是他们很快找到了宝顶，又在这个宝顶之上乱挖一气。可是众所周知，宝顶巨厚无比，它是用白灰、沙土、黄土掺和成“三合土”，然后一层一层夯实，再用糯米汤浇筑，同时加用铁钉，十分坚固。并且在此之下，还有层层的砖和青白石，若想从这儿刨进去是个短时间内不可能完成的任务。如果采用激烈的办法，用炸药把它炸开的话，这些坚硬的宝顶的材料砸下去，珍宝和棺材无疑会被砸个稀巴烂，结果就会鸡飞蛋打，所以这个办法又是不可行的。

最终，他们强行找来了一个年老的守陵人。这个守陵人是一个白胡子的老头。孙殿英部兵匪将他带到慈禧陵恐吓他，利用他找到了地宫的入口。

♦ 慈禧陵坟墓宝顶

这个地宫的入口实则就在古洞门的尽端，处于金刚墙的下线中间位置。这个点的位置是丝毫不能有误的，找到了它，就找到了地宫的入口。

这回孙殿英他们用上了便捷又野蛮的做法——爆破，同时使用炸药和地雷。把门炸开之后，孙殿英命令手下迅速清理现场，然后再接再厉，又顺利地把金刚墙打开了。

进入慈禧的地宫之后，兵匪们首先发现，这里的结构并不复杂，与金碧辉煌、精致华丽的地面建筑相比，其结构简单了许多，只有两道石门，五个券堂，地宫的四壁也没有文字和图案。

还有一点，慈禧陵的地宫没有渗水，非常之干燥，针对这一现象专家查阅资料后发现，这都归功于地宫中的六个渗水孔，也就是说在当初建陵时就已经建好了排水设施。

尸身未腐疑云

古人认为人在死的时候，胸中还残留着一口气，如果被猫、鼠或者其他动物接触了就能复活，也就是民间传说中的“诈尸”。在很多盗墓小说中都常提到，盗墓贼打开棺材的那一刻会发现埋葬了几千年之久的尸体不但没有腐烂，还能站起来攻击盗贼。

孙殿英盗掘慈禧陵的时候是 1928 年，距离慈禧死亡已经过去了整整

20年，按照常理来推断慈禧的遗体早该化为一堆白骨，然而孙殿英的盗墓部队第一眼见到的慈禧却不是这样。当他们打开慈禧的棺材之后，惊讶地发现老佛爷竟然像睡着了一样，面目鲜活，栩栩如生，但是一经见光，脸就迅速变黑了。

关于慈禧死后多年仍未腐烂的原因，孙殿英认为与慈禧口中所含的夜明珠有关。那颗夜明珠可分成两块，合拢是一个圆球，分开则透明无光，合拢则会发出一道绿色的寒光，夜间在百步之内可以照见发丝。当时，孙殿英从手下那里听说，这颗夜明珠是从努尔哈赤那个年代流传下来的，据说可以生寒防暑——让死者将此珠含在嘴里，可以令尸体永不腐烂，千年

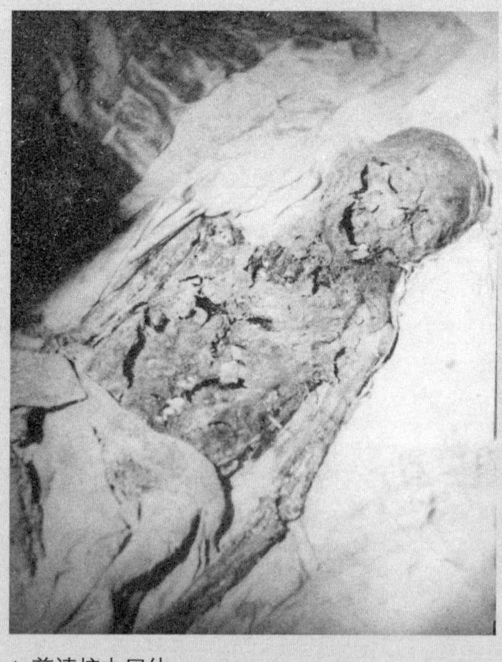

♦ 慈禧棺中尸体

◆ 慈禧陵遗存——陀罗尼经被纹样

鲜活如新，实乃旷世之宝。所以孙殿英更加相信，慈禧的尸体没有腐烂，是这颗夜明珠起到了决定性作用。

但是后世专家认为，孙殿英的判断并不科学，他们认为慈禧的尸体之所以没有腐烂，应该和她的死因有着直接关系，而且同时还有很多其他的原因。所以总结起来，对于这一问题的解释大概有以下三点。

第一个原因，就是慈禧太后的棺材制作特殊——为双层棺材。这样的棺材是非常封闭的，空气无法进入，这是很关键的一点——没有空气尸体就不会被氧化，自然也就不会腐烂。

第二个原因，就是慈禧太后的棺材里面有非常之多的玉器。古语有云，“握玉防腐”，也就是说手握玉器能够防止尸体腐烂，所以古时候的陵墓里常常有金缕玉衣这类的东西出现，就是因为他们认为玉器具有防腐的功能。慈禧棺材当中大量的翡翠类以及玉石类的东西，可能也起到了一定的防腐作用，不过这还需要进一步的科学研究才能认证。

第三个原因，也是最重要的一个原因，就是慈禧去世之前肠胃里面是空的，几乎没什么东西。通过查阅中国第一历史档案馆的档案，对慈禧的脉案进行研究后可以发现，慈禧在过完她74岁生日之后，就开始腹泻加剧。在《内起居注》中有所记载：

十月初十，水走大肠，得食则泻。十月十九日便泻不止，谷食不多。十月二十二日，舌短口干，胃不纳食。

由此不难看出，慈禧太后死前十几天，基本上没进多少食物。再加上她本来就有肠胃不和的毛病，此番年事已高，经过生日宴会的几番折腾，反复出席各种仪式，导致她的肠胃毛病恶化，腹中的东西几乎全部被排泄出去。

人死之后如果肠胃里还有所残留，尸体是一定会腐烂的。西方的古埃及，就充分掌握了这一理论，他们在做木乃伊的时候，会清除干净其肠胃中的东西，这样才能成功地做成木乃伊。

♦ 慈禧陵遗存——香册

♦ 国府人员考察慈禧陵被盗

所以慈禧在临死前腹中基本上没什么东西，大概是她死后没有腐烂的根本原因。

惨遭抛尸

孙殿英的兵匪们很明确的目的是盗取珍宝，慈禧的尸体对他们来说毫无用处，所以他们在打开棺材见到慈禧的尸体之后，就把她拉了出来，并且随手扔到了地宫的西北角处。后来过去了 40 天，清宗室听闻此事，便派出载泽等人来到地宫重新安葬慈禧的尸体。

据清末学者宝熙日记里面的记载，当时发现慈禧的尸体时，她是脸部朝下的，趴于地上，同时左手反搭于背上；并且头发是披散在身体之上，但却是散而不乱，上面还缀着一根红头绳，可见慈禧尸体暴露于棺材之外 40 天仍然没有腐烂。

兵匪们为了攫取珍宝，将慈禧的尸体从棺材里扔出去之后，就开始掠夺棺材中的珍宝，在此之后，他们又打起了慈禧身体上珍宝的主意。

他们先是扒下了慈禧身上华丽的寿衣，然后把上面缝缀的珍珠拆走，结果造成慈禧尸体裸露，皮肤上还长出了好多拳头大小的霉斑。

这时，慈禧全身只剩下一条内裤和一只袜子，但是她死后遭受的还不止于此。孙殿英曾对盗陵的兵匪们说，不必伤其尸体。但是这些兵匪为了抠出慈禧口中的夜明珠，还是毫不留情地用刺刀在她的脸部划开了一道口子。

正如另一位晚清学士耆龄日记中所记，“唇下似有残破”。我们今天再看慈禧尸体的照片，还能很清楚地看到很大一道刀口。

此外，慈禧的豪华大棺材也被劈砍得七零八落，想当年制作这个棺材是何等的不易，耗费了多少人力以及财力，竟然就这样被这些兵匪毁掉了。耆龄日记中记载，“外椁已毁，椁盖置于西北隅”，由此可知，劈坏的棺材板当时被扔得到处都是。

同时他们还在地宫里捡到了慈禧的牙齿和指甲，那是慈禧生前掉落而被留下来的，她认为身体发肤受之父母，不可随意丢掉，所以这些东西在她死后也被带到了地宫中。

棺中珍宝

慈禧陵中的珍宝数不胜数，当时打开棺材之后，孙殿英下令只有营长以上的军官才可以到棺材之中拿取宝贝。《顺天时报》曾报道说，“为营长以上始能入内拿取东西”，说的就是这个意思。

后来孙殿英调集来20辆大车，运走了大量的珍宝。那些珍宝在当时全都是价值连城之物。阎锡山曾说，单是孙殿英部下谭温江在北平出售的珍宝就价值10万元，其他的具体还有多少，就不得而知了。

李成武（李莲英义子）之子李营舟说过，慈禧葬物，若均追回，足以富国。也就是说，慈禧几乎把宫中所有值钱的宝贝都带进了她的地宫。种种记载也都说明，慈禧陵中这些珍宝真的很多，但是始终没有一个确定的价格被估计出来。那么，孙殿英在盗墓的时候究竟盗走了哪些名贵的珍宝呢?

首先就是上文提到的慈禧口中所含的夜明珠，这颗夜明珠光芒耀眼，可想而知是十分珍贵的，所以孙殿英当时就将其盗走了。后来，这个夜明珠落在了蒋介石的夫人宋美龄的手中，宋美龄当时把它缀在了两只拖鞋上。而最终这颗珠子还是流落到了民间，至今下落不明。

另外一个珍宝就是翡翠西瓜，它重达三十六两八钱，其个头是非常之大的。从这个翡翠西瓜的外观纹理上看，它是一个花皮瓜。然后通过它的截面，可以看到暴露出来的西瓜子，西瓜子为黑色，西瓜瓤则是粉红色的，这个西瓜的形象相当逼真，与真正的西瓜相差无几。据说当时老佛爷就枕在这个西瓜之上。

第三个宝贝就是翡翠蝈蝈白菜，它比翡翠西瓜稍微小一些。这个翡翠白菜，从菜心、菜叶、菜帮到菜根，都是天然的颜色，所以这个翠料的珍贵程度是显而易见的。比如，菜心有一些发白，菜叶则很绿，菜帮又有些白，菜根是天然的泥色，这些都是天然呈现出来的颜色。最为重要的是在菜叶子上落着一只碧绿的蝈蝈，在菜心上还有几只黄色的马蜂。更神奇的是，传说在下雨的时候，上面的马蜂会滑落到菜心下面去避雨。

后来，孙殿英盗挖慈禧墓后，这颗翡翠白菜不知所踪，至今仍没有找

◆ 慈禧陵配殿内景

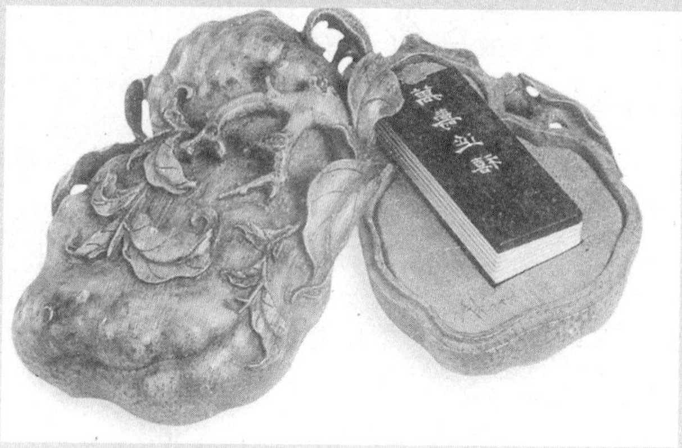
◆ 清宫竹根雕芒果形万寿延禧盒

到它的下落。而我们后世在民间所看到的一些照片，其实是台北“故宫博物院”当中的翡翠白菜，那是瑾妃出嫁时娘家陪嫁的礼品。

然后就是十分著名的慈禧的盖尸被，名为陀罗尼经被。在清朝，陀罗尼经被是皇帝钦赐的，没有得到赏赐的人是不得使用的。而且要按等级来使用，其质地、颜色都有很大的区别。一般的帝后的陀罗尼经被，都是在上面书写上藏文的陀罗尼经咒，也有织绣上去的。

但是慈禧的这床被，却是非同寻常，她不仅使用了织锦，而且上面的文字不是藏文，而是汉字，所以这个织绣的过程相对来讲就很复杂，要注意汉字的经线和纬线，那是很困难的。

而除了文字，这个经被上面还有很多的图案，有佛像、龙、罗汉像和佛塔等，图像众多，表达出慈禧“慈航普度”这样一个概念。

同时，经被上的每一个文字之上，都缝缀了一颗大珍珠，整个被子上珠子的总数量达到了820粒，这无疑使这床被的价值瞬间又提高了。

慈禧的这条被子大约3米见方，把她的尸体和珍宝全都牢牢盖住。然而孙殿英兵匪在盗墓的时候，却并没有重视它。因为这些兵匪基本上都是一些粗鲁莽夫，完全不识货，只看到被子上有闪闪发亮的820粒珍珠，就

◆ 慈禧陵小碑楼

把珠子拆掉拿走了。

还有慈禧生前精心准备的寿衣，里外一共三件。最外面一层是佛字龙袍，是一件前无古人的寿衣——因为从来没有见过有哪一个皇帝或者皇后的朝服或者寿衣上绣有“佛”字，所以慈禧的这个设计是独一无二的。而且每个字上面也是同样缀有珍珠，整件衣服珠光宝气的。她第二件寿衣是一件绣有团寿字的袍子，最里面的是一套福寿合体之衣，皆为每个字上面都缀以珍珠。

可见慈禧这三件寿衣的价值是不可估量的，但是孙殿英的兵匪同样没有重视它，和对待陀罗尼经被一样，他们从慈禧身上把衣服扒下来之后，只把珠子给拆走了。

除了这些珍珠，慈禧的棺材之中还有海量的东珠。我们知道这种东珠在清朝非常受重视，民间根本不允许使用——只有皇家才能采摘和使用。在慈禧下葬时，珍珠是一升一升地倒入棺中的，用以填补棺缝，这些珍珠把慈禧的尸身周围填补得严严实实。

而关于这些珍珠的拿取，孙殿英是有规定的，就是把大珍珠拿走，所

◆宫中画珐琅山水花鸟西洋式提梁壶

以当时那些兵匪还有幸分得了一些小珍珠，也就是米珠。

最后，在慈禧棺材外面，还有一些宝贝，就是香册和香宝。顾名思义，这些香册、香宝是用檀香木制成的。香册一共10页，在上面雕刻着慈禧这一生的功绩，同时也对其一生进行评论，可谓盖棺定论之语。当然，这也是对香宝之上的文字的注释和说明。香宝则是慈禧的谥号大印，为方字的交龙钮，雕刻着慈禧22个字的谥号。所以这两样东西上的文字是很重要的，是对慈禧一生的评价。

不过那些兵匪当时并没有认识到它们的珍贵，一看既不是金银玉器，也不是珍珠，就把它们给扔掉了，所以它们没有流落民间，我们后世也才得以一睹这两件宝物的真容。

除了以上这些，慈禧陵中还有许多其他的珍宝，难计其数，至今也无确切数字，难怪当时奉命审理此案的河北省政府主席商震发出这样的感慨："陪葬物品究有几种，究系何物，陵员等不知其详。"也就是说不仅守陵人弄不清楚，连商震这个审理主官也是一头雾水。所以说慈禧陵中具体的珍宝数量，至今还是一个未解的谜案。

但是这一切都已经成为过眼云烟。

图书在版编目（CIP）数据

慈禧疑案正解 / 李寅，王道成著. —北京：中国工人出版社，2015.5
ISBN 978-7-5008-6175-1
Ⅰ.①慈… Ⅱ.①王… ②李… Ⅲ.①西太后（1835～1908）- 人物研究
Ⅳ.①K827=52
中国版本图书馆CIP数据核字（2015）第120072号

慈禧疑案正解

出 版 人	李庆堂
策划编辑	葛忠雨
责任编辑	刘冠华
责任校对	董春娜
责任印制	黄 丽
出版发行	中国工人出版社
地 址	北京市东城区鼓楼外大街45号 邮编：100120
网 址	http：//www.wp-china.com
电 话	（010）62350006（总编室） （010）62005039（出版物流部） （010）62379038（社科文艺分社）
发行热线	（010）62005049 （010）62005042（传真）
经 销	各地书店
印 刷	北京市密东印刷有限公司
开 本	710毫米×1000毫米 1/16
印 张	14.75
字 数	210千字
版 次	2015年7月第1版 2017年11月第2次印刷
定 价	29.80元